MW01382548

法语发音

（一）法语的 36 个音素

La phonétique française

1. Les 36 phonèmes du français

编著　舒毅宁（Philippe Chaubet）

翻译　黄雪霞

插图　简志豪

录音　黄雪霞（Valentine），Philippe Chaubet（舒毅宁），
Agnès Lautier，Christèle Beaumatin，
Emmanuel Villeminot，Catherine Nambride，
Astrid et Guillaume Fiévet

外文出版社

图书在版编目（CIP）数据

法语发音（一） / 舒毅宁（Chaubet, P.）（法）编著.
—北京：外文出版社，2002.10
ISBN 7-119-03109-0
I.法... II.舒... III.法语—发音 IV.H321
中国版本图书馆 CIP 数据核字（2002）第 065298 号

外文出版社网址：
http://www.flp.com.cn
外文出版社电子信箱
info@flp.com.cn
sales@flp.com.cn

著作权合同登记图字：01-2002-1348
本书原名《停看听》 Sens et sons (Saucisson ?)
中文简体字版权由台湾中央图书出版社授权

法语发音（一）

作　　者　舒毅宁（Philippe Chaubet）（法）

责任编辑　宫结实　张永昭
封面设计　王博
印刷监制　冯浩
出版发行　外文出版社
社　　址　北京市百万庄大街 24 号　**邮政编码**　100037
电　　话　（010）68320579（总编室）
（010）68329514 / 68327211（推广发行部）
排　　版　重庆长山科技有限公司
印　　刷　三河市汇鑫印务有限公司
经　　销　新华书店 / 外文书店
开　　本　16 开（170×230 毫米）　**字　　数**　100 千字
印　　数　3001—8000　**印　　张**　9.5
版　　次　2004 年 5 月第 1 版第 2 次印刷
装　　别　平装
书　　号　ISBN 7-119-03109-0 / H·1377（外）
定　　价　19.00 元

REMERCIEMENTS A...

- 黄雪霞, pour les innombrables heures de traduction, vérification, enregistrement ... prévus et imprévus.
- Agnès Lautier,
  Christèle Beaumatin,
  Emmanuel Villeminot,
  Catherine Nambride,
  Astrid et Guillaume Fiévet,
  pour leurs magnifiques voix et les interminables retours au(x) studio(s) d'enregistrement.
- Alain Monier, pour sa capacité à répondre «présent ! » et pour son stoïcisme à travers les péripéties du départ.
- 杨光贞, pour la révision du chinois et les critiques constructives.
- 吴继忠, 蔡莉芝 et 陈淑芬, pour leur contribution à la saisie du chinois.
- 简志豪, pour l'humour de ses illustrations.
- 舒志芬, pour son doigté au piano.
- 李文杰, pour avoir sauvé mon ordinateur du désastre.

Ils sont les piliers de cette méthode. Je suis à la fois confus d'avoir dû si souvent les solliciter et fier de les avoir eus pour collaborateurs.

J'adresse des remerciements spéciaux à l'Université Fujen, 辅仁大学, où a eu lieu la majeure partie de mes expérimentations, ainsi qu'à son Centre de Recherches interculturelles, 中西文化研究中心, pour avoir financé une partie de mes recherches.

Je tire mon chapeau au passage à 李慧君, responsable de la section Langues Européennes des Editions Central Books Publishing, pour sa pugnacité.

Monsieur 林在高 a toute ma reconnaissance pour avoir accueilli cet ouvrage dans la maison d'édition qu'il dirige.

特别感谢私立辅仁大学中西文化研究中心资助。

目录 Table des matières

前 言

对于所有学习任何一种外语的人来说，在发音时只要稍有不对就有可能造成意义上的偏差，而令人啼笑皆非，甚至惹祸上身。以我个人在台湾十二年的教学经验，我亲耳听到许多荒谬的错误。我自己说汉语时也有同样的问题。学习外语是一种神奇的经验，但并非易事。因此我们必须有包容之心，不要嘲笑因为发音不对而表错情的人。

这些因素促使我撰写一种人人可懂的简易教学法，以帮助初学者在一开始就能平稳顺利地学习法语发音。

法语有其特色，与英语非常不同。鼻音就是最佳的一个例子（我们并不需要像鸭子般地说话）。汉语当然也有其特色。所以中国人学习法语会有共同的困难，犯同类的错误。这套教材要面对困难，对症下药。

本册内容包括法语的三十六个音素与其一百种拼法。

请常听录音，一定会受益无穷。为了满足你的成就感，我们特别精心选择一些实用的单词。词组和句型，希望你马上可以朗朗上口与法国人交谈。

如果你过于忙碌，无法打开书本，至少听听磁带。它们是双语录制，属于这套教材的辅助工具。你可以把字典放在一边，将精神集中于正确的法语发音。祝你有个愉快的学习旅程！

舒毅宁
1999年10月于台北

如果您对本书有任何指正，欢迎来信，请寄至

台北市新庄中正路
辅仁大学法语系
舒毅宁老师收

如果你希望更上一层楼，那么这套教材的第二册就针对中国学生学习法语的“七大障碍”而设计。内容包括一系列很容易根深蒂固，必须及早改正的错误与一整套系统的练习。只要充分利用就可逐步减少，甚至完全化解这些顽劣的发音问题。

AVANT-PROPOS

Pour tous ceux qui apprennent une langue étrangère, de minimes variations de prononciation entraînent parfois d'énormes erreurs de sens qui peuvent faire rire, pleurer ou recevoir une gifle. En douze années d'enseignement du français à des Chinois, à Taiwan, j'ai entendu de ma propre oreille un bon nombre de ces « perles ». J'en commets encore moi-même de belles quand je parle mandarin. Apprendre une langue étrangère est un processus merveilleux mais pas toujours aisé. Il faut donc être indulgent à l'égard de celui qui dit autre chose que ce qu'il voulait dire parce qu'il prononce mal.

Toutes ces considérations m'ont dicté de rédiger une méthode simple, accessible à tous, qui puisse aider le débutant à mettre sa prononciation sur les bons rails, dès le départ.

Le français a ses spécificités, très différentes de l'anglais. N'en citons qu'une : les voyelles nasales (qui, en passant, ne demandent pas de parler comme un canard...). La langue chinoise aussi a ses particularités. Si bien que le Chinois qui apprend le français finit toujours par rencontrer à peu près les mêmes difficultés et commettre les mêmes erreurs. Cette méthode veut prendre le taureau par les cornes.

Le présent volume propose un tour d'horizon des 36 sons du français (plus exactement 36 « phonèmes ») et de la centaine de graphies qui les représente.

Ecoutez-en souvent les enregistrements, cela ne peut que vous aider. Pour vous y encourager, j'ai volontairement choisi des mots, expressions et phrases utiles dès les premiers contacts avec des francophones.

Si vous êtes trop occupé pour ouvrir le livre, écoutez au moins les cassettes. Elles sont bilingues, comme l'ensemble de la méthode. Vous pouvez ainsi mettre votre dictionnaire de côté et vous concentrer sur l'essentiel : la prononciation correcte de la langue française. Bon voyage dans le monde des sons du français !

Philippe Chaubet
A Taibei, octobre 1999

Si vous voulez me faire part de vos appréciations ou suggestions, n'hésitez pas à me contacter par courrier à l'adresse suivante :

M. Philippe Chaubet
Université Fu-Jen Département de Français
Chong Cheng road HSIN CHUANG (TAIWAN)

Si vous voulez aller plus loin, sachez que le volume 2 de cette méthode prend de front les « *sept bêtes noires* » du Chinois qui apprend le français. Il s'agit d'une sélection d'erreurs malicieuses qui se fossilisent facilement pour peu qu'on ne les traite pas vite, ainsi que d'une panoplie d'exercices systématiques pour les réduire et éliminer.

自学者如何使用本书

如果你很忙碌，没有太多的时间学习法语……

至少要听磁带，但你不必惊慌：所有的单词与例句都有中文翻译。你甚至不需要打开书本。任何时候只要有空就反复地听磁带。你一定会有所收获。天长日久，你一定会学到一些实用的单词或句型；你的大脑一定能记住法语特有的某些音素、节奏和音调。或许这个方法不是最有效率的，但是一定能达到相当的效果。至少，绝对不可能对你造成伤害。

如果你可以多花一些时间学习法语发音……

我建议你尽可能使用各种方法去学习。只要适合你而且不会让你感到厌烦，所有的方法都是好方法。从表面上看来"最被动"的方法到"最活泼"的方法都可以交替使用。只要发挥你的想象力和创造力！

你可以根据下列建议方式使用这套教材。但你不一定要完全按照这个进度。你也许可以找到更适合于你的先后次序或更合乎你的需要与个性的练习。

● 合上书本，先听一段时间的磁带

这样可以训练你的耳朵，避免把法语与其他你所学过的语言混淆。善待你自己：当你第一次与法语接触时，不要过于求好心切。

● 慢慢地，开始边看书边听磁带

不要急着拿笔，先让你的眼睛习惯于一些奇怪的写法：à, é, è, ê, ë, î, ï, ù, ç, ... 尤其不要试着看字发音，你可能会读成英语、西班牙语等，也就是以错误的方式发音，法国人根本听不懂你在说什么。在这个阶段，如果你开口说话，请闭上眼睛，嘴里重复耳朵听到的声音，赶快忘记你看过的东西。

当你完全沉浸于法语之中，你会对自己充满信心，也可以开始边看书，边跟着你所听到的高声朗读。

注意！在开始讲话之前，请先多花时间去听。当你开始讲话时，请跟着磁带一起念。我坚决反对初学者在没有听磁带的情况下高声朗读。他们常常因此而建立起自己的发音系统，如鱼得水般地自得其乐。不知不觉中养成非常不良的发音习惯。这种学习方式的危险是很快地学会说一种新语言，既像法语却又不是法语，法国人根本听不懂，

但习惯已经养成，根深蒂固无法改变。从一开始学法语就养成的错误发音很难改正。所以在开口说话前，务必先让耳朵熟悉法语（不只是习惯于发音，也要习惯于节奏、音调，以及一些光怪新奇的特色）。

● 开始作听写练习。

善于使用录音机上的暂停键。要想取得真正的进步，必须一遍又一遍地听，直到你不再发生任何错误为止。

- 对初学者而言：

练习每个音素的六个单词就足够了。读完这本书，你如果可以听写出磁带上的两百多个单词和一些词组、短语，其他的单词对你来说就易如反掌。大概都是相同的拼法反反复复而已。

- 对能力较强的学生而言：

请按照例句作听写练习。这样你就可以很快地掌握法语的拼写系统，同时你会学到很多有用的短句，马上可以与法国人交谈。

- 对能力最强的学生而言：

请以国际音标拼写的词作听写练习。如此一来你就会念对字典里的单词，你将来学习其他外语也都很有用。但别忘了法国人也不会国际音标，一般在学校里都不教（法国小学生直接从二十六个字母开始学法语）。

● 训练你自己迅速地做中法互译的练习。

如此一来会增加你的常用词汇与常用词组，而且你会习惯于随时改变语言系统。你可以将每个音素的六个单词作为练习对象（善于使用录音机上的暂停键），但是以完整的例句作练习，你会觉得更加生动有趣，请依你当时的精神与能力状况来调整。

● 训练你自己将系列的单词断开音节，需要联诵的地方做下记号，并学习和法国人一样在表达句型时做适当的休息换气，以充分突显法语的音律特色。

这个练习针对高年级或那些最细心的同学。先决条件：耳朵要很敏锐，可以毫无问题地记住一个完整的句子。开始时，你可以借着例句下面的说明先观察节奏、联诵及衔接等（如果你会国际音标，就更能受益无穷）。

符号与略语表 SIGNES ET ABREVIATIONS

[ɑ̃] en aon	有关 [ɑ̃] 的拼法，en 为经常使用的拼法，而 aon 则为较少使用的拼法. Par rapport au phonème [ɑ̃], en est une graphie courante, aon est peu fréquente.
[e] ≈ 汉语拼音的 ei	[e] 音素近似于汉语拼音的 ei Le phonème [e] est proche du son ei en *pinyin* (alphabet phonétique chinois)
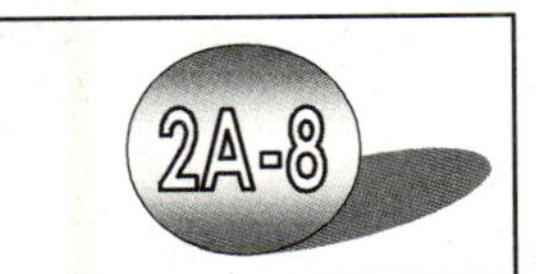 	请听第 **2** 盘磁带 A 面的第 8 单元 Reportez-vous à la cassette 2, côté A, unité 8. 单元前的音乐为本单元中歌曲 (CHANSON) 的旋律
‿	两个词之间非强制性的联诵符号 Liaison, élision ou enchaînement facultatif entre deux mots : *aller‿à*
‿	两个词之间必要的联诵符号 Liaison, élision, enchaînement recommandé ou obligatoire entre des mots : *trois‿ans* (*liaison*) / *J'hésite‿à y aller.* (*élision*) / *Il‿est* (*enchaînement*)
☞	特别提醒注意的发音，断音节......等 Point de prononciation remarquable: ☞ *il‿est Français* [i lɛ fʀɑ̃ sɛ]
✄	"缩短"发音的符号 "Raccourci" de prononciation : *acheter* [a ʃə te] ✄ [aʃ te]
API	国际音标 Alphabet phonétique international
chouette !	*斜体字* 为俚语或较通俗的说法 (正式场合不宜使用)。 Les exemples en italique sont d'un registre de langue familier ou argotique (à éviter dans des situations formelles).

法文的二十六个字母

LES 26 LETTRES DE L'ALPHABET du français

法文的字母只有二十六个，但是通过不同字母的组合（例如 *a, ai, ain, au, an, am, aou......*）或重音(例如 e, é, è, ê, ë......) 的使用，共有三十六个音素。
我们先介绍二十六个法文字母并且聆听法国人如何发音。 这是有用的，因为当你请法国人拼一个单词时，例如拼他的姓名时，你才听得懂。

L'alphabet français comprend seulement 26 lettres. Cependant, par le jeu des combinaisons entre ces différentes lettres (*a, ai, ain, au, an, am, aou...*) ou par l'ajout d'accents (*e, é, è, ê, ë,* par ex.), on obtient finalement 36 sons ou «phonèmes ».
Voyons donc d'abord cet alphabet et écoutons comment les Français eux-mêmes le prononcent. Cela vous sera utile pour demander à un francophone comment il épelle un mot particulier, comme son nom et son prénom par exemple.

A	a	[a]	N	n	[ɛn]
B	b	[be]	O	o	[o]
C	c	[se]	P	p	[pe]
D	d	[de]	Q	q	[ky]
E	e	[ə]	R	r	[ɛʀ]
F	f	[ɛf]	S	s	[ɛs]
G	g	[ʒe]	T	t	[te]
H	h	[aʃ]	U	u	[y]
I	i	[i]	V	v	[ve]
J	j	[ʒi]	W	w	[dublve]
K	k	[ka]	X	x	[iks]
L	l	[ɛl]	Y	y	[igʀɛk]
M	m	[ɛm]	Z	z	[zɛd]

法语的三十六个音素 以国际音标写出如下

LES 36 SONS (36 « phonèmes ») DU FRANÇAIS VUS A TRAVERS L'A.P.I.

十六个元音 16 voyelles			
[i]	il	[il]	他
[e]	été	[ete]	夏天
[ɛ]	très	[tʀɛ]	非常
[a]	avec	[avɛk]	和，与
[ɑ]	âge	[ɑʒ]	年纪
[ɔ]	bol	[bɔl]	碗
[o]	eau	[o]	水
[u]	vous	[vu]	您/你们
[y]	tu	[ty]	你
[ø]	peu	[pø]	一点点
[ə]	le	[lə]	(定冠词)
[œ]	heure	[œʀ]	小时
[ɛ̃]	simple	[sɛ̃pl]	简单的
[ɑ̃]	enfant	[ɑ̃fɑ̃]	孩子
[ɔ̃]	bonjour	[bɔ̃ʒuʀ]	日安，你好
[œ̃]	un	[œ̃]	一，一个

十七个辅音 17 consonnes			
[p]	pain	[pɛ̃]	面包
[b]	bien	[bjɛ̃]	好
[t]	thé	[te]	茶
[d]	donner	[dɔne]	给与
[k]	café	[kafe]	咖啡
[g]	grand	[gʀɑ̃]	大
[f]	faire	[fɛʀ]	做
[v]	vin	[vɛ̃]	酒
[s]	savoir	[savwaʀ]	知道
[z]	oser	[oze]	敢于
[ʃ]	Chine	[ʃin]	中国
[ʒ]	joli	[ʒɔli]	美丽的
[l]	libre	[libʀ]	自由的
[ʀ]	riz	[ʀi]	米/饭/稻
[m]	mot	[mo]	词
[n]	Nord	[nɔʀ]	北方
[ɲ]	champagne	[ʃɑ̃paɲ]	香槟

三个半元音(或半辅音) 3 semi-voyelles (ou semi-consonnes):			
[j]	yaourt	[jauʀt]	酸奶
[ɥ]	huit	[ɥit]	八
[w]	fois	[fwa]	次数

元音 LES VOYELLES

一目了然 En un coup d'œil…

法语的十六个元音及其各种不同的拼法
Les 16 voyelles du français et les nombreuses graphies dans lesquelles on les retrouve

国际音标	经常使用的拼法 graphies courantes					较少使用的拼法 graphies moins fréquentes							页数
[i]	i					î	ï	y					9
[e]	e	é	er	ez	es	ai							12
[ɛ]	e	è	ê	ei	ai	ë	ey	ay					15
[a]	a	à			oi	oy	e	ê					18
[ɑ]	a					â							21
[ɔ]	o					ô	oo	a	u				23
[o]	o	au	eau			ô							26
[u]	ou	où				aou	aoû						29
[y]	U					û	eu	eû	uë				32
[ø]	eu	œu				eû							35
[ə]	E					ai	on						38
[œ]	eu	œu				œ(il)	ue(il)	ue(ill)					40
[ɛ̃]	in	im	ain	ein	(i)en	yn	ym	eim	aim	în	en	(y)en	43
[ɑ̃]	en	an	em	am		ean	aen	aon					46
[ɔ̃]	on	om	eon			un							49
[œ̃]	un					um							52

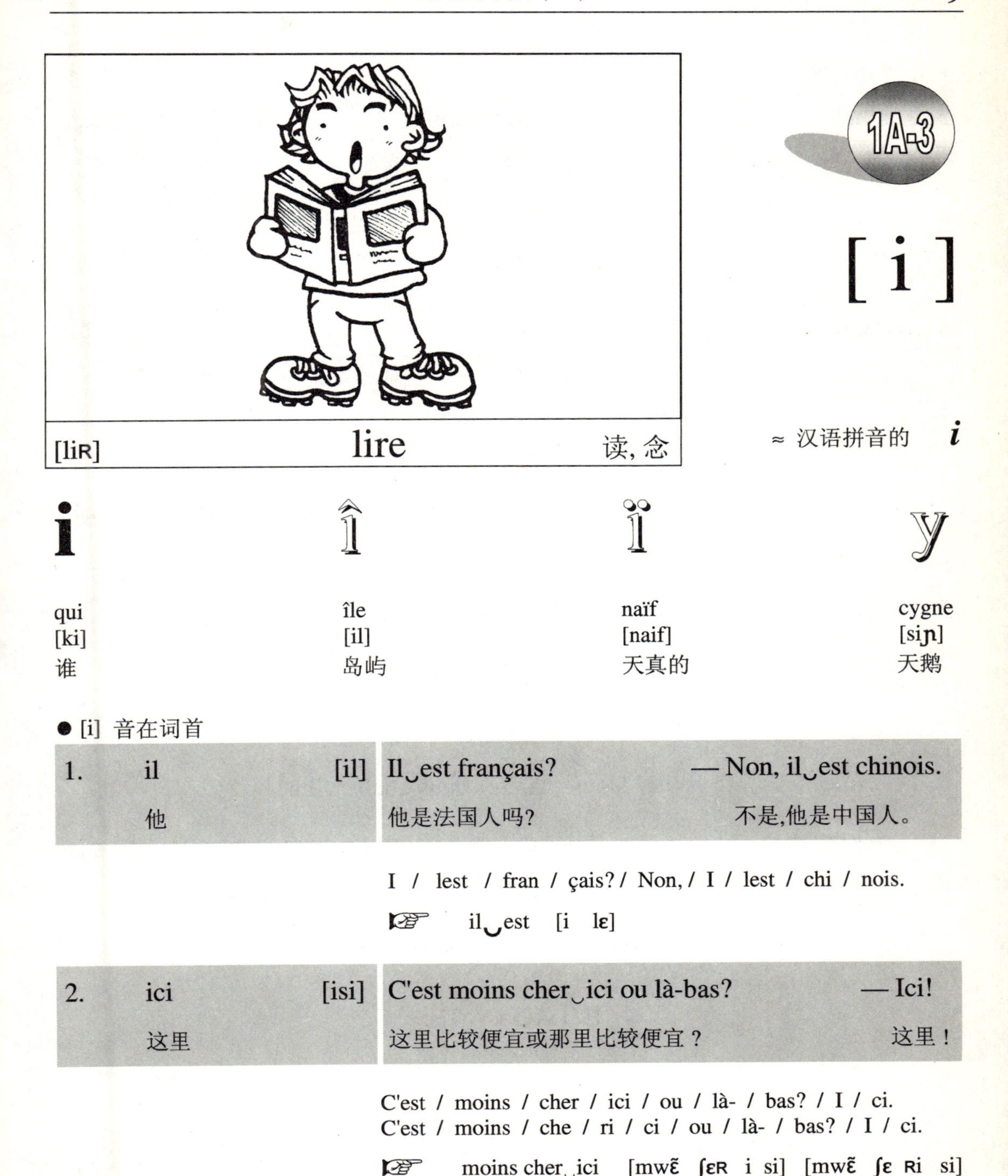

[liʀ] lire 读，念

[i]

≈ 汉语拼音的 *i*

i	î	ï	y
qui	île	naïf	cygne
[ki]	[il]	[naif]	[siɲ]
谁	岛屿	天真的	天鹅

● [i] 音在词首

1.	il 他	[il]	Il‿est français? 他是法国人吗？	— Non, il‿est chinois. 不是，他是中国人。

I / lest / fran / çais? / Non, / I / lest / chi / nois.

☞ il‿est [i lɛ]

2.	ici 这里	[isi]	C'est moins cher‿ici ou là-bas? 这里比较便宜或那里比较便宜？	— Ici! 这里！

C'est / moins / cher / ici / ou / là- / bas? / I / ci.
C'est / moins / che / ri / ci / ou / là- / bas? / I / ci.

☞ moins cher‿ici [mwɛ̃ ʃɛʀ i si] [mwɛ̃ ʃɛ ʀi si]

● [i] 音在词尾

3.	oui 是的	[wi]	Vous‿êtes chinois? 您是中国人吗?	— Oui. 是的。

Vou / sêtes [zɛt] / chi / nois? / Oui.

☞ vous‿êtes [vu zɛt]

4.	qui 谁	[ki]	Qui est-ce? 那是谁?	— C'est‿un‿ami. 那是一个朋友。

Qui / est-ce? / C'est / un / na / mi.
Qui / est-ce? / C'es / tun / na / mi.

☞ c'est‿un‿ami [sɛ œ̃ na mi] [sɛ **tœ̃** na mi]

● [i] 音在词中

5.	lire 读, 念	[liʀ]	Tu aimes lire? 你喜欢阅读吗?

Tu / aimes / lire?

6.	ville 城市	[vil]	Vous‿habitez dans quelle ville? 您住在哪一个城市?

Vou / sha[za] / bi / tez / dans / quelle / ville?

☞ vous‿habitez [vu **za** bi te]

HOMONYMES

同音异义字

1.	il	île	[il]	他	岛
2.	signe	cygne	[siɲ]	记号	天鹅
3.	oui	ouïes	[wi]	是的	鳃

CHANSON

Compère Guilleri

Il était un p'tit homme
Qu'on appelait Guilleri Carabi
Il s'en fut à la chasse
A la chasse aux perdrix

(Refrain)
Carabi, Titi, Carabi, Toto,
Carabi, compère Guilleri,
Te laisseras-tu, te laisseras-tu
Te laisseras-tu mourir?

Il monta sur un arbre
Pour voir ses chiens courir
Carabi
La branche vint à rompre
Et Carabi tombit

谚语 PROVERBE

La nuit, tous les chats sont gris.

夜里的猫都是灰色的。

黑夜里很难看出差别。

情况不明时很难看出差别。

[e]

≈ 汉语拼音的 *ei*

[apje] à pied 徒步

e é er ez es ai

e	é	er	ez	es	ai
pied	été	aller	allez	les	ferai
[pje]	[ete]	[ale]	[ale]	[le]	[fəRe]
脚	夏天	去	(你们) 去 (aller 的现在时)	(*定冠词*)	(我将)做 (faire 的将来时)

[e] 音介于 [i] 与 [ɛ] 之间, 类似于汉语拼音的 *ei*。要发好这个音, 嘴巴像是要发 [i], 如中文的 "一" 但嘴巴要稍微张大一点, 保持微笑状。

Ce son est un intermédiaire entre [i] et [ɛ]. Pour bien le prononcer, préparez votre bouche comme pour dire [i], comme dans *yi (caractère chinois:* 一 *)*, mais ouvrez un tout petit peu plus la bouche, toujours en souriant.

● [e] 音在词首

1.	étudiant [etydjɑ̃] 大学生	Il‿est‿étudiant. 他是大学生。

I / les / té / tu / diant. I / lest / é / tu / diant.

☞ Il‿est‿étudiant.

[i lɛ e ty djɑ̃]

[i lɛ te ty djɑ̃]

2.	efficace 有效率的	[efikas]	C'est‿efficace? — Oui, très‿efficace! 有效吗? 有,很有效!

C'es / te / ffi / cace? / Oui, / trè / se[ze] / ffi / cace!

☞ C'est‿efficace? [sɛ te fi kas]

très‿efficace! [tʀɛ ze fi kas]

● [e] 音在词中

3.	désolé 抱歉	[dezɔle]	Je suis désolé. 我很抱歉。

Je / suis / dé / so / lé.

4.	vélo 自行车	[velo]	Je vais‿à l'université à vélo. 我骑自行车到学校。

Je / vai / sà[za] / l'u / ni / ver / si / té / à / vé / lo.

☞ Je vais‿à [ʒə vɛ a]
[ʒə vɛ za]

● [e] 音在词尾

5.	payer 付钱	[pɛje]	Tu as payé? — Oui, j'ai payé. 你付过钱了吗? 付过了。

Tu / as / pay / yé? / Oui, / j'ai / pay / yé.

6.	pied 脚	[pje]	Je vais‿au bureau à pied. 我走路去上班。

Je / vai / sau[zo] / bu / reau / à / pied.

☞ Je vais au [ʒə vɛ o] [ʒə vɛ zo]

HOMONYMES

同音异义字

1.	D	dé	des	[de]	字母 D	骰子	*(不定冠词复数)*
2.	T	thé		[te]	字母 T	茶	
3.	bouffée	*bouffer*		[bufe]	一口气	吃 *(俚语)*	

CHANSON

Nous n'irons plus au bois

Nous n'irons plus au bois
Les lauriers sont coupés
La belle que voilà
Ira les ramasser.

(Refrain)
Entrez dans la danse,
Voyez comme on danse,
Sautez, dansez,
Embrassez qui vous voudrez!

Si la cigale y dort
Ne faut pas la blesser
Le chant du Rossignol
La viendra réveiller.

谚语 PROVERBE

Les cordonniers sont les plus mal chaussés.

鞋匠自己反而穿最差的鞋子。

1A-5

[ɛ]

[ɛme] aimer 喜欢

≈ 汉语拼音的 ***ai***

è ê e ei ai ë ey ay

très	tête	sel	seize	mais	Noël	jersey	Orsay
[tRɛ]	[tɛt]	[sɛl]	[sɛz]	[mɛ]	[nɔɛl]	[ʒɛRzɛ]	[ɔRsɛ]
非常	头	盐	十六	但是	圣诞节	毛织紧身上衣	奥塞

● [ɛ] 音在词首

1.	(il) est [ilɛ] (他) 是	Il‿est français? — Non, il‿est‿anglais. 他是法国人吗? 不是,他是英国人。

I / lest / fran / çais?/ Non, / i / les / tan / glais.

☞ Il‿est‿anglais. [i lɛ ɑ̃ glɛ] [i lɛ tɑ̃ glɛ]

2.	aimer [ɛme] 喜欢	J'aime le chocolat, et toi? — Moi aussi, j'aime beaucoup ça. 我喜欢吃巧克力，你呢? 我也是，我很喜欢。

J'aime / le / cho / co / lat.

3.	aider 帮助	[ɛde]	Tu veux que je t'aide? 你要我帮你忙吗?

Tu / veux / que / je / t'aide?

● [ɛ] 音在词尾

4.	très 非常地	[tʀɛ]	J'ai faim, j'ai très faim. 我饿了, 我很饿。

J'ai / faim, / j'ai / très / faim.

5.	français 法文	[fʀɑ̃sɛ]	Vous parlez français? 您会说法文吗?

Vous / par / lez / fran / çais?

● [ɛ] 音在词中

6.	faire 做	[fɛʀ]	Tu aimes faire du sport? 你喜欢运动吗?

Tu / aimes / faire / du / sport?

HOMONYMES
同音异义字

1.	es	est	haie	hais	[ɛ]	(你) 是	(他) 是	篱笆	(我) 恨
2.	Seine		saine	scène	[sɛn]	塞纳河		健康的	舞台
3.	reine	rêne	renne	Rennes	[ʀɛn]	皇后	缰绳	驯鹿	雷恩 (法城市)

CHANSON

Cadet Rousselle

Cadet Rousselle a trois maisons
Cadet Rousselle a trois maisons
Qui n'ont ni poutres ni chevrons
Qui n'ont ni poutres ni chevrons
C'est pour loger les hirondelles,
Que direz-vous d'Cadet Rousselle?

(Refrain)
Ah, ah, ah oui vraiment!
Cadet Rousselle est bon enfant!

Cadet Rousselle a trois habits
Cadet Rousselle a trois habits
Deux jaunes l'autre en papier gris
Deux jaunes l'autre en papier gris
Il met celui-là quand il gèle
Ou quand il pleut ou quand il grêle

谚语 PROVERBE

Bien faire et laisser braire.

好好做，随便驴怎么叫。

只要好好做事，不必理会别人的批评。

[a]

≈ 汉语拼音的 ***a***

[œ̃plaʃinwa] **un plat chinois** 一道中国菜

a	**à**	**oi**	**oy**	**e**	**ê**
sac	là-bas	noir	voyage	femme	poêle
[sak]	[laba]	[nwaʀ]	[vwajaʒ]	[fam]	[pwal]
包, 袋	那儿	黑色的	旅行	女人	平底锅

● [a] 音在词首

1.	avec 和, 与	[avɛk]	Il travaille‿avec moi. 他和我工作。	

Il / tra / va / illa / vec / moi.

☞ Il travaille‿avec [il tra va ja vɛk]

2.	habiter 居住	[abite]	Il‿habite‿où? 他住哪儿?	— Il‿habite‿à Taibei. 他住台北。

I / lha / bi / toù? / I / lha / bi / tà / Tai / bei.

☞ Il‿habite‿ où? [i la bi tu]

☞ Il‿habite‿à [i la bi ta]

● [a] 音在词尾

3. plat [pla] 一道菜	C'est‿un plat français? — Non, c'est‿un plat italien. 这是一道法国菜吗? 不是, 这是一道意大利菜。

C'est / un / plat / fran / çais? / Non, / c'est / un / plat / i / ta / lien.
C'es / tun / plat / fran / çais? / Non, / c'es / tun / plat / i / ta / lien.

☞ C'est un plat [sɛ œ̃ pla] [sɛ tœ̃ pla]

4. quoi [kwa] 什么	C'est quoi? 这是什么?

C'est / quoi?

● [a] 音在词中

5. travailler [tRavaje] 工作	Il travaille beaucoup. 他工作很多。

Il / tra / vaille / beau / coup.

6. voir [vwaR] 看	Venez voir! 快来看!

Ve / nez / voir! Vnez / voir!

☞ Venez! [və ne]
✂ [vne]

HOMONYMES

同音异义字

1.	la	là		[la]	定冠词	那儿	
2.	fois	foie	foi	[fwa]	次数	肝	信仰
3.	bail	baille		[baj]	租约	(他)打呵欠	

CHANSON

J'ai perdu le do de ma clarinette

J'ai perdu le do de ma clarinette
J'ai perdu le do de ma clarinette

Ah, si papa savait ça,
tra la la

Il me taperait sur les doigts,
tra la la

(Refrain)
Au pas, camarade,
Au pas camarade,
Au pas, au pas, au pas!
(ter)

J'ai perdu le do, le ré, le mi de ma clarinette
J'ai perdu le do, le ré, le mi de ma clarinette
Ah, si papa savait ça,
tra la la
Il me taperait sur les doigts
tra la la

谚语 PROVERBE

Qui vivra verra.

谁活着, 就可以看到。

日久自明。

[œ̃gɑto] un gâteau 一个蛋糕

[ɑ] 和 [a] 的差别微乎其微。开始你可以完全忽略它们的不同而全都发 [a] 的音 (也许除了勃艮第等某些地区的人以外，很少有法国人会注意)。事实上，发[ɑ] 的音时，舌头略微向后缩。

La différence entre la prononciation de [ɑ] et [a] est minime. Vous pouvez la négliger et prononcer tout [a] (très peu de gens s'en apercevront, sauf peut-être dans certaines régions, comme la Bourgogne par exemple). En fait, pour le son [ɑ], la langue est un peu plus en arrière.

● [ɑ] 音在词首

1.	âge	[ɑʒ]	年纪	Tu as quel‿âge? — J'ai vingt‿ans. 你几岁？二十岁。

Tu / as / que / lâge? / J'ai / ving / tans.

☞ quel‿âge [kɛl ɑʒ]

vingt‿ans [vɛ̃ tɑ̃]

● [ɑ] 音在词尾

2.	pas	[pɑ]	不，没有	Ce n'est pas moi. C'est lui! 不是我，是他。

Ce / n'est / pas / moi. / C'est / lui!

3.	tas	[tɑ]	一堆	un tas de gens 一堆人

un / tas / de / gens

● [ɑ] 音在词中

4.	château [ʃɑto] 城堡	un vieux château	一座古老的城堡

un / vieux / châ / teau

5.	gâteau [gɑto] 蛋糕	un gâteau au chocolat	一个巧克力蛋糕

un / gâ / teau / au / cho / co / lat

CHANSON

Promenons-nous dans les bois

(Refrain :)
Promenons-nous dans les bois
Pendant que le loup n'y est pas
Si le loup y était
Il nous mangerait
Mais comme il y est pas
Il nous mangera pas.

Loup, y es-tu?
— Oui.
Que fais-tu?
— Je mets ma chemise.

Loup, y es-tu?
— Oui.
Que fais-tu?
— Je mets mes chaussettes.

Loup, y es-tu?
— Oui.
Que fais-tu?
J'arrive!

谚语 PROVERBE

Bâtir des châteaux en Espagne. 在西班牙盖城堡。 建造空中楼阁。

1A-8

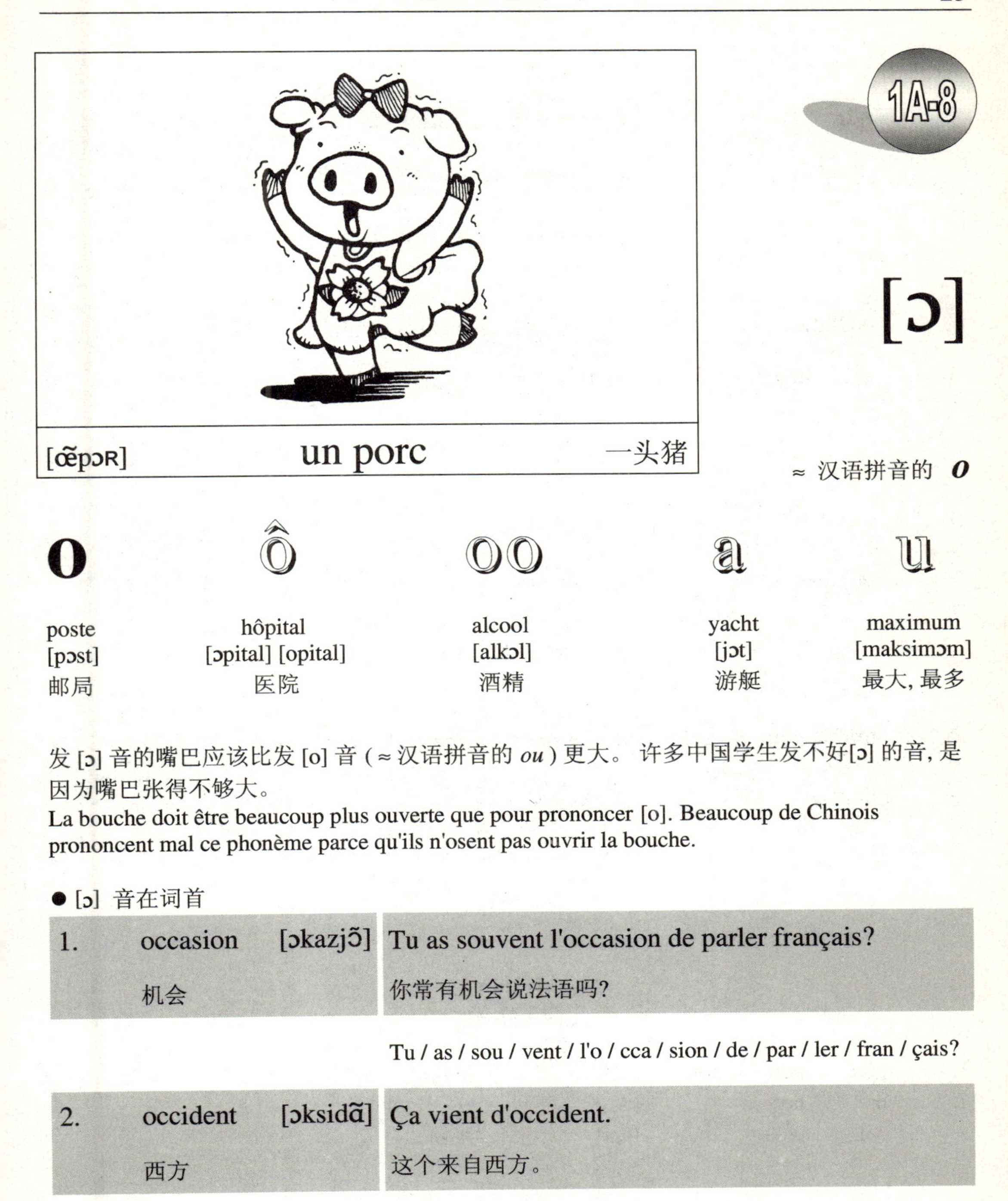

[œ̃pɔʀ] un porc 一头猪

[ɔ]

≈ 汉语拼音的 ***o***

o	**ô**	**oo**	**a**	**u**
poste	hôpital	alcool	yacht	maximum
[pɔst]	[ɔpital] [opital]	[alkɔl]	[jɔt]	[maksimɔm]
邮局	医院	酒精	游艇	最大，最多

发 [ɔ] 音的嘴巴应该比发 [o] 音（≈汉语拼音的 *ou*）更大。许多中国学生发不好[ɔ] 的音，是因为嘴巴张得不够大。

La bouche doit être beaucoup plus ouverte que pour prononcer [o]. Beaucoup de Chinois prononcent mal ce phonème parce qu'ils n'osent pas ouvrir la bouche.

● [ɔ] 音在词首

1.	occasion 机会	[ɔkazjɔ̃]	Tu as souvent l'occasion de parler français? 你常有机会说法语吗?

Tu / as / sou / vent / l'o / cca / sion / de / par / ler / fran / çais?

2.	occident 西方	[ɔksidɑ̃]	Ça vient d'occident. 这个来自西方。

Ça / vient / d'oc / ci / dent.

● [ɔ] 音在词中

3.	porc 猪, 猪肉	[pɔʀ]	C'est du porc. J'adore le porc. 这是猪肉。 我非常喜欢吃猪肉。

C'est / du / porc. / J'a / dore / le / porc.

4.	comme 如同, 好象	[kɔm]	Il‿est chinois, comme moi. 他跟我一样是中国人。

I / lest / chi / nois, / comme / moi.

5.	bol 碗	[bɔl]	un bol de riz 一碗饭

un / bol / de / riz

6.	téléphone 电话	[telefɔn]	Voilà mon (numéro de) téléphone. 这是我的电话 (号码)。

Voi / là / mon / té / lé / phone.

HOMONYMES
同音异义字

1.	porc	port	pore	[pɔʀ]	猪	港口	毛孔
2.	or	hors		[ɔʀ]	黄金	在…之外	
3.	col	colle		[kɔl]	领子	浆糊	

CHANSON

Meunier tu d**o**rs

*Meunier, tu d**o**rs*
Ton moulin, ton moulin va trop vite
*Meunier, tu d**o**rs*
Ton moulin, ton moulin, va trop fort.

Ton moulin, ton moulin va trop vite!
*Ton moulin, ton moulin, va trop f**o**rt!*
Ton moulin, ton moulin va trop vite!
*Ton moulin, ton moulin, va trop f**o**rt!*

谚语 PROVERBE

Tout ce qui brille n'est pas de l'**o**r.

所有发亮的东西并不就是金子。

发光的未必是金子。

[o]

[dəlo] de l'eau 水

≈ 汉语拼音的 *ou*

o	**au**	**eau**	**ô**
gros	jaune	beau	tôt
[gʀo]	[ʒon]	[bo]	[to]
胖的	黄色的	美丽的	早

● [o] 音在词首

1.	eau 水	[o]	S'il vous plaît, vous‿avez de l'eau? 请问有没有水?	

S'il / vous / plaît, / vou / sa[za] / vez / de / l'eau?

☞ vous‿avez [vu za ve]

2.	aussi 也	[osi]	J'ai faim. Et toi? 我饿了,你呢?	— Moi aussi. 我也是。

J'ai / faim. / Et / toi? / Moi / au / ssi.

● [o] 音在词尾

3.	mot 字	[mo]	Je ne connais pas ce mot. 我不认识这个字。

Je / ne / co / nnais / pas / ce / mot.

4.	beau 美丽的	[bo]	C'est beau! 好漂亮!

C'est / beau!

● [o] 音在词中

5.	beaucoup 很多	[boku]	Il‿a beaucoup d'amis. 他有很多朋友。

I / la / beau / coup / d'a / mis.

6.	gauche 左边	[goʃ]	C'est‿à droite‿ou à gauche? 右边或左边? — A gauche. 左边。

C'est / à / droi / tou / à / gauche? / A / gauche.
C'es / tà / droi / tou / à / gauche? / A / gauche.

HOMONYMES
同音异义字

1. eau	haut	au	aux	oh!	[o]	水	高的	à+le	à+les	喔!
2. pot	peau	Pô			[po]	壶,罐	皮肤	波城		
3. sot	sceau	saut			[so]	笨	印章	跳跃		
4. fausse		fosse			[fos]	假的		地沟		

CHANSON

Maman, les p'tits bat**eaux**

*Maman, les p'tits bat**eaux***
*qui vont sur l'**eau** ont-ils des jambes?*
*Mais oui mon gr**o**s bêta*
S'ils n'en avaient pas
Ils ne marcheraient pas.
Va quand tu seras grand
*Tu s**au**ras comment faire*
Pour lutter vaillamment
Contre la mer et le vent.

*Maman, les p'tits bat**eaux***
*Qui vont sur l'**eau** ont-ils une tête?*
*Mais oui mon gr**o**s bêta*
S'ils n'en avaient pas
Ils ne nageraient pas.
Va quand tu seras grand
Tu feras le tour du monde
*Sur un vaiss**eau** puissant*
*Marchant **au** commandement*

谚语 PROVERBE

Tout nouv**eau**, tout b**eau**.

新的就是美的。

人们都喜新厌旧。

[denuj] des nouilles 面条

[u]

≈ 汉语拼音的 ***u***

ou	où	aou	aoû
tout	où?	saoul	août
[tu]	[u]	[su]	[u], [ut]
所有，一切	哪里	喝醉的	八月

● [u] 音在词首

1.	où 哪儿	[u]	Où vas-tu? 你要去哪儿?

Où / vas- / tu?

2.	oublier 忘记	[ublije]	Excusez-moi, j'ai oublié! 对不起，我忘了！

Ex / cu / sez- / moi, / j'ai / ou / bli / ié!

● [u] 音在词尾

3.	vous 您,你们	[vu]	Vous‿avez soif ? 您渴吗?

Vou / sa[za] / vez / soif ?

☞ Vous‿avez [vu za ve]

4.	nous 我们	[nu]	Venez‿avec nous! 跟我们一起来吧!

Ve / nez / a / vec / nous. Ve / ne / za / vec / nous.

☞ venez‿avec [və ne za vɛk]

● [u] 音在词中

5.	nouille 面条	[nuj]	Vous voulez du riz ou des nouilles? — Des nouilles, s'il vous plaît. 您要吃饭或吃面? 吃面。

Vous / vou / lez / du / riz / ou / des / nouilles? / Des / nouilles, / s'il / vous / plaît.

6.	bonjour 日安, 你好	[bɔ̃ʒuʀ]	Bonjour madame! — Bonjour monsieur! 您好, 夫人! 您好, 先生!

Bon / jour / ma / dame! / Bon / jour / mon / sieur!

HOMONYMES

同音异义字

1. où	ou	houe	houx	[u]	哪里	或者	锄头	枸骨叶冬青(植物)
2. d'où	doux			[du]	从哪里	温柔的		
3. coût	coup	cou		[ku]	价值	打一下	脖子	
4. sou	sous	saoul	soûl	[su]	钱	在…之下	喝醉的	喝醉的

CHANSON

Le furet

(Refrain)
*Il **court**, il **court**, le furet*
Le furet du bois Mesdames
*Il **court**, il **court**, le furet*
Le furet du bois joli

Il a passé par ici
Le furet du bois Mesdames
Il repassera par là
Le furet du bois joli

Le voici encore ici
Le furet du bois Mesdames
Le voilà maintenant par là
Le furet du bois joli

Il est entré par ici
Le furet du bois Mesdames
Il est ressorti par là
Le furet du bois joli

谚语　PROVERBE

Un s**ou** est un s**ou**.

一分钱, 就是一分钱。

[y]

≈ 汉语拼音的 *ü*

[œ̃bys] un bus 一辆公共汽车

u	**û**	**eu**	**eû**	**uë**
une	sûr	(j'ai) eu	(il) eût	aiguë
[yn]	[syʀ]	[y]	[y]	[ɛgy]
一，一个	确定的	我有(avoir *的复合过去时*)	他有(avoir *虚拟式未完成过去时*)	尖锐的

● [y] 音在词首

1.	une 一个	[yn]	une ville 一个城市

une / ville

2.	utile 有用的	[ytil]	Le français, c'est‿utile! 法文是很有用的!

Le / fran / çais, / c'est / u / tile!
Le / fran / çais, / c'es / tu / tile!

● [y] 音在词尾

3.	du *(部分冠词)*	[dy]	*C'est du gâteau!* (= c'est facile!) 这很容易!小事一桩!

C'est / du / gâ / teau!

4.	tu 你	[ty]	Tu t'appelles comment? — Lucie, et toi? 你叫什么名字? Lucie, 你呢?

Tu / t'a / ppelles / co / mment? / Lu / cie, / et / toi?

● [y] 音在词中

5.	bus 公车	[bys]	Prenez le bus, c'est plus pratique! 搭公车比较方便!

Pre / nez / le / bus, / c'est / plus / pra / tique!

6.	truc 东西	[tʀyk]	C'est quoi, ce *truc*? 这是什么东西?

C'est / quoi, / ce / *truc*?

HOMONYMES
同音异义字

1.	du	dû		[dy]	*(部分冠词)*	*（动词 devoir 的过去分词）*	
2.	mur	mûr	mûre	[myr]	墙壁	成熟的	桑椹
3.	sur	sûr	sûre	[syʀ]	在…之上	确定的	确定的*（阴性）*
4.	Q	cul		[ky]	字母 Q	屁股	

CHANSON

Au clair de la lune

Au clair de la lune
Mon ami Pierrot
Prête-moi ta plume
Pour écrire un mot

Ma chandelle est morte
Je n'ai plus de feu
Ouvre-moi ta porte
Pour l'amour de Dieu

谚语 PROVERBE

Ni v**u**, ni conn**u**!

没有人看到, 也没有人知道。

偷偷摸摸地做一件事。

[løRɔp]	l'Europe	欧洲

[ø]

eu	œu	eû
peu	vœux	jeûner
[pø]	[vø]	[ʒøne]
一点, 很少	愿望	禁食

要发好 [ø] 音, 你的嘴型和发 [y] 音 (汉语拼音 : *ü*) 应该是几乎一样的, 也就是只有张开一点点, 但要比发 [y] 音稍微大一点。

Pour bien prononcer [ø], la bouche doit se préparer à dire [y] (petit passage rond entre les lèvres) mais s'ouvrir finalement un peu plus.

● [ø] 音在词首

1.	Europe [øRɔp] 欧洲	Je vais souvent en‿Europe. 我常去欧洲。

Je / vais / sou / vent / en / neu / rope.

☞ en‿Europe [ɑ̃ nø Rɔp]

2.	euro [øRo] 欧元	Ça coûte combien? 这个值多少钱?	— Un‿euro. 一欧元。

Ça / coûte / com / bien? / Un / neu / ro.

☞ un‿euro = [œ̃ nø Ro]

● [ø] 音在词尾

3.	(un) peu [pø] 一点, 很少	Vous‿avez froid? 您冷吗?	— Oui, un peu. 嗯,有一点。

Vou / sa [za] / vez / froid? / Oui, / un / peu.

☞ vous‿avez = [vu za ve]

4.	monsieur [məsjø] 先生	Monsieur Chaubet est là, s'il vous plaît? 请问, Chaubet 先生在吗?

Mon / sieur / Chau / bet / est / là, / s'il / vous / plaît?

5.	bleu [blø] 蓝色的	Il‿a les‿yeux bleus! Bien bleus! 他的眼睛是蓝色的! 纯蓝的!

I / la / les / syeux [zjø] / bleus! / Bien / bleus!

☞ Il‿a [i la]

☞ les‿yeux [le zjø]

6.	merveilleux [mɛRvɛjø] 神奇的	Le français, c'est merveilleux! 法文真神奇!

Le / fran / çais, / c'est / mer / vei / illeux!

HOMONYMES

同音异义字

1.	peu	peux	peut	[pø]	很少	(我)可以	(他)可以
2.	vœux	veux	veut	[vø]	愿望	(我)要	(他)要

CHANSON

Il pl**eu**t bergère

*Il pl**eu**t, il pl**eu**t bergère*
Presse tes blancs moutons
Allons sous la chaumière
Bergère vite allons
*J'entends sur le f**eu**illage*
L'eau qui tombe à grand bruit
Voici venir l'orage
Voici l'éclair qui luit

Entends-tu le tonnerre
Il roule en approchant
Prends un abri bergère
A ma droite en marchant
Je vois notre cabane
Et tiens voici venir
Ma mère et ma sœur Anne
Qui vont l'étable ouvrir

谚语 PROVERBE

Heur**eux** au j**eu**, malheur**eux** en amour.

赌场得意,情场失意。

[ə]

≈ 汉语拼音的 ***e***

[dəmɑ̃de] **demander** 询问

e **ai** **on**

le	(nous) faisons	monsieur
[lə]	[fəzɔ̃]	[məsjø]
(定冠词)	(我们)做	先生

● [ə] 音在词尾

1.	le *(定冠词)*	[lə]	le français 法文

le / fran / çais

2.	de *(介词)*	[də]	un livre de français 法文书

un / livre / de / fran / çais

3.	je 我	[ʒə]	Je suis chinois. 我是中国人。

Je / suis / chi / nois.

4.	ne [nə] 不, 没有	Je ne sais pas. 我不知道。

Je / ne / sais / pas.

☞ Je ne sais pas [jə nə sɛ pɑ]
✂ [jən sɛ pɑ]
✂✂ [jsɛ pɑ]
✂✂✂ [ʃɛ pɑ] (familier!)

● [ə] 音在词中

5.	regarder [RəgaRde] 看, 注视	Regarde, là-bas! 看,那里!

Re / garde, / là- / bas!

6.	demander [dəmɑ̃de] 询问, 要求	Demande-lui en français! 用法文问他!

De / mande- / lui / en / fran / çais!

HOMONYMES
同音异义字

ce se [sə] 这 *(人称代词)*

CHANSON
Jean de la lune

Par une tiède nuit de printemps
Il y a bien de cela cent ans
Que sous un brin de persil sans bruit
Tout menu, naquit
Jean de la lune, Jean de la lune

Il était frais comme un champignon
Frêle, délicat, petit, mignon
Et jaune et vert comme un perroquet
Avait bon caquet,
Jean de la lune, Jean de la lune

[œ]

[œ̃nɔRdinatœR] un ordinateur 一台电脑

eu	œu	œ(il)	ue(il)	ue(ill)
heure	cœur	œil	accueil	accueillir
[œR]	[kœR]	[œj]	[akœj]	[akœjiR]
小时	心, 心脏	眼睛	接待 *(名词)*	接待 *(动词)*

● [œ] 音在词首

1.	heure [œR] 小时	Quelle‿heure est-‿il? 现在几点?	— Il‿est trois‿heures. 三点。

Que / llheu / rest- / til? / I / lest / troi / sheures [zœR].

☞ Quelle‿heure est-‿il? [kɛ lœ Rɛ til]

☞ Il‿est trois‿heures. [i lɛ tRwa zœR]

2.	œuf [œf] 蛋	un‿œuf dur 一个水煮蛋

un / nœuf / dur ☞ un‿œuf [œ̃ nœf]

● [œ] 音在词中

3. sœur [sœR] 姐妹	Qui est-ce? — C'est ma petite sœur. 那是谁? 我妹妹。	

Qui / est-ce? / C'est / ma / pe / tite / sœur.

☞ ma petite sœur [ma pə tit sœR]
✂ [ma ptit sœR]

4. seul [sœl] 单独, 独自	Tu vas‿en France seul ou avec quelqu'un? — Seul. 你自己一个人去法国或有人跟你一起去? 自己一个人。

Tu / vas / en / France / seul / ou / a / vec / quel / qu'un? / Seul.
Tu / va / sen[zɑ̃]/France / seul / ou / a / vec / quel / qu'un?/Seul.

5. docteur [dɔktœR] 医生	Je vais toujours chez le docteur Martin. 我都是在马丁医师那儿看病。

Je / vais / tou / jours / chez / le / doc / teur / Mar / tin.

6. ordinateur [ɔRdinatœR] 电脑	Chez moi, j'ai un‿ordinateur. 我家有一台电脑。

Chez / moi, / j'ai / un / nor / di / na / teur.

☞ un‿ordinateur = [œ̃ nɔR di na tœR]

HOMONYMES
同音异义字

1.	meurs	meurt	mœurs	[mœR]	(我)死	(他)死	习俗
2.	leur	leurs	leurre	[lœR]	他们的（单数）	他们的（复数）	诱饵,鱼饵

CHANSON

Dame Tartine

Il était une dame Tartine
Dans un beau palais de beurre frais
La muraille était de farine
Le parquet était de croquets
La chambre à coucher
De crème de lait
Le lit de biscuits
Les rideaux d'anis

Elle épousa monsieur Gimblette
Coiffé d'un beau fromage blanc
Son chapeau était de galette
Son habit de vol-au-vent
Culotte en nougat
Gilet d'chocolat
Bas de caramel
Et souliers de miel

谚语 PROVERBE

Qui vole un **œuf**, vole un b**œuf**.

会偷蛋就会偷牛。

小时候会偷东西, 长大后会变盗匪。

[ɛ̃tɛʀdi]	interdit	禁止的

[ɛ̃]

≈ 汉语拼音的 ***an***

in	**im**	**ain**	**ein**	**(i)en**	**în**
vin	impossible	pain	teint	bien	(il) vînt
[vɛ̃]	[ɛ̃pɔsibl]	[pɛ̃]	[tɛ̃]	[bjɛ̃]	[vɛ̃]
酒	不可能的	面包	脸色	好	(他)来

yn	**ym**	**aim**	**eim**	**en**	**(y)en**
synthèse	symbole	faim	Reims	examen	moyen
[sɛ̃tɛz]	[sɛ̃bɔl]	[fɛ̃]	[ʀɛ̃s]	[ɛgzamɛ̃]	[mwajɛ̃]
综合	象征	饥饿	兰斯(城市)	考试	方法

嘴巴平行张开, 就像微笑一般, 舌头轻触下门牙。
La bouche se fend horizontalement, comme si vous souriez. La langue touche légèrement les incisives inférieures.

● [ɛ̃] 音在词首

1.	inquiet	[ɛ̃kjɛ]	Je suis‿inquiet.
	担心, 忧虑		我担心。

Je / suis / in / quiet.　　Je / sui / sin [zɛ̃] / quiet.

☞ Je suis‿inquiet. [ʒə sɥi ɛ̃ kjɛ] [ʒə sɥi zɛ̃ kjɛ]

2. interdit [ɛ̃tɛRdi] 禁止的	C'est‿interdit! 这是禁止的!	

C'est / in / ter / dit!　　C'es / tin / ter / dit!

☞ C'est‿interdit! [sɛ ɛ̃ tɛR di] [sɛ tɛ̃ tɛR di]

● [ɛ̃] 音在词尾

3. rien [Rjɛ̃] 没有	Vous savez où il‿habite? — Non, je n'en sais rien. 您知道他住在哪里吗? 不,我一点也不知道。

Vous / sa / vez / où / i / lha / bite?/Non, / je / n'en / sais / rien.

4. prochain [pRɔʃɛ̃] 下一个, 下一次	A lundi prochain! 下星期一见!

A / lun / di / pro / chain!

5. loin [lwɛ̃] 远的	C'est loin? — Mais non, ce n'est pas loin! 远吗? 不会, 一点也不远!

C'est / loin? / Mais / non, / ce / n'est / pas / loin!

● [ɛ̃] 音在词中

6. simple [sɛ̃pl] 简单的	C'est simple comme bonjour! 简单得很!

C'est / sim / ple / comme / bon / jour!
C'est / simple / comme / bon / jour!

HOMONYMES

同音异义字

1. pain　pin　peint　[pɛ̃]　面包　松树　(他)画
2. faim　fin　feint　[fɛ̃]　饥饿　结束　(他)假装
3. saint　sein　ceint　[sɛ̃]　神圣的　乳房　(他)围绕

CHANSON

Gentil coquelicot

*J'ai descendu dans mon jard**in** (bis)*
*Pour y cueillir du romar**in***

(Refrain :)
Gentil coquelicot, mesdames,
Gentil coquelicot nouveau,
Gentil coquelicot, mesdames,
Gentil coquelicot.

*J'n'en avais pas cueilli trois br**ins** (bis)*
*Qu'un Rossignol **vin**t sur ma m**ain***

*Il me dit trois mots en lat**in** (bis)*
*Que les hommes ne valent ri**en***

*Des dames il ne me dit ri**en** (bis)*
*Mais des d'moiselles beaucoup de bi**en**.*

谚语　PROVERBE

Qui veut la **fin** veut les moy**en**s.

要达到目的，就要用尽办法。

≈ 汉语拼音的 ***ang***

[dəlaʀʒɑ̃] de l'argent 金钱

en em an am ean aen aon

entrer	emporter	quand	ample	Jean	Caen	paon
[ɑ̃tʀe]	[ɑ̃pɔʀte]	[kɑ̃]	[ɑ̃pl]	[ʒɑ̃]	[kɑ̃]	[pɑ̃]
进入	带走	当…时	宽大的	让(人名)	冈城	孔雀

要发好这个声音，请张大嘴巴!
Pour prononcer correctement ce son, ouvrez bien la bouche!

● [ɑ̃] 音在词首

1.	an 年, 岁	[ɑ̃]	J'ai dix-‿huit ans, et toi? — J'ai trente‿ans. 我十八岁, 你呢? 我三十岁。

J'ai / di / xhui [zɥi] / tans, / et / toi? / J'ai / tren / tans.

☞ dix-huit‿ans [di zɥi tɑ̃]

2.	enfant 孩子	[ɑ̃fɑ̃]	J'adore les‿enfants. 我非常喜欢小孩。

J'a / dore / les / sen [zɑ̃] / fants.

☞ les‿enfants [le zɑ̃ fɑ̃]

3. encore [ɑ̃kɔʀ] 再，还	Encore‿une fois! 再一次!

En / co / rune / fois!

☞ Encore‿une [ɑ̃ kɔ ʀyn]

● [ɑ̃] 音在词尾

4. temps [tɑ̃] 时间	Tu as le temps? — Non, je n'ai pas le temps. 你有空吗? 没有,我没有空。

Tu / as / le / temps? / Non, / je / n'ai / pas / le / temps.
Tu / al / temps? / Non, / je / n'ai / pal / temps.

☞ Tu as le temps? [ty a lə tɑ̃]
✂ [ty al tɑ̃]
✂✂ [tal tɑ̃] (familier!)
☞ je n'ai pas le temps [ʒə nɛ pɑ lə tɑ̃]
✂ [ʒə nɛ pɑl tɑ̃]
✂✂ [ʒnɛ pɑl tɑ̃]
✂✂✂ [ʒɛ pɑl tɑ̃] (familier!)

5. argent [aʀʒɑ̃] 金钱	Tu as de l'argent sur toi? — Oui, j'ai un peu d'argent. 你身上有钱吗? 有,我有一点钱。

Tu / as / de / l'ar / gent / sur / toi? / Oui, / j'ai / un / peu / d'ar / gent.
Tu / ad / l'ar / gent / sur / toi? / Oui, / j'ai / un / peu / d'ar / gent.

☞ Tu as de l'argent [ty a də lar ʒɑ̃]
✂ [ty ad lar ʒɑ̃]
✂✂ [tad lar ʒɑ̃] (familier!)

● [ɑ̃] 音在词中

6. changer [ʃɑ̃ʒe] 改变，更换	Mon‿adresse‿a changé. 我的地址改了。

Mon / na / dresse / a / chan / gé.
Mon / na / dre / ssa / chan / gé.

☞ mon‿adresse‿a changé [mɔ̃ na dʀɛs a ʃɑ̃ ʒe]
[mɔ̃ na dʀɛ sa ʃɑ̃ ʒe]

HOMONYMES

同音异义字

1.	paon	pan	pend	[pɑ̃]	孔雀	衣服的下摆	(他)悬挂
2.	dent	dans		[dɑ̃]	牙齿	在…里面	
3.	Jean	gens		[ʒɑ̃]	让(人名)	人们	

CHANSON

Derrière chez nous y'a un ét**an**g

*Derrière chez nous y'a un ét**an**g*
*C'est l'v**en**t qui vole qui frivole*
*Trois beaux canards s'y vont baign**an**t*
*Derrière chez nous y'a un ét**an**g*

(Refrain)
*C'est l'v**en**t, c'est l'v**en**t qui frivole*
*C'est l'v**en**t, c'est l'v**en**t frivol**an**t.*

*Y'**en** a deux noirs y'**en** a un bl**an**c*
*C'est l'v**en**t qui vole qui frivole*
*Le fils du roi s'**en** vient chass**an**t*
*Y'**en** a deux noirs y'**en** a un bl**an**c*

谚语 PROVERBE

Le t**em**ps, c'est de l'arg**en**t.

时间就是金钱。

[œ̃bɔ̃bɔ̃]	un bonbon	一颗糖果

[ɔ̃]

≈ 汉语拼音的 ***ong***

on	**om**	**eon**	**un**
bonbon	bombe	pigeon	punch
[bɔ̃bɔ̃]	[bɔ̃b]	[piʒɔ̃]	[pɔ̃ʃ]
糖果	炸弹	鸽子	添趣酒

要发好这个音, 你的嘴巴就像要发 [o] 音一样 (两片嘴唇间只留下一个小出口), 但注意尽量将舌头往后缩!

Pour bien prononcer ce son, préparez votre bouche comme pour dire [o] (les lèvres laissent un tout petit passage bien rond) mais surtout reculez bien la langue!

● [ɔ̃] 音在词首

1.	oncle	[ɔ̃kl]	C'est ton‿oncle!?	— Oui, c'est mon‿oncle.
	叔叔, 伯伯		他是你叔叔(伯伯)?	是的, 这是我叔叔(伯伯)。

C'est / ton / noncle!? / Oui, / c'est / mon / noncle.

☞ ton‿oncle [tɔ̃ / nɔ̃kl]

☞ mon‿oncle [mɔ̃ / nɔ̃kl]

2.	honte 羞耻	[ɔ̃t]	J'ai honte. 我非常不好意思。

J'ai / honte.

● [ɔ̃] 音在词尾

3.	bonbon 糖果	[bɔ̃bɔ̃]	Tu veux un bonbon? — Non, merci. 你要来颗糖果吗? 不要,谢谢!

Tu / veux / un / bon / bon? / Non, / mer / ci.

4.	attention 注意, 小心	[atɑ̃sjɔ̃]	Attention! 注意! 小心!

A / tten / tion!

● [ɔ̃] 音在词中

5.	montrer 给(某人)看, 说明	[mɔ̃tʀe]	C'est difficile? —Non, je vais vous montrer. 难吗? 不会, 我跟你解释一下。

C'est / di / ffi / cile? / Non, / je / vais / vous / mon / trer.

6.	compliqué 复杂的	[kɔ̃plike]	C'est compliqué! 真复杂!

C'est / com / pli / qué!

HOMONYMES
同音异义字

1.	conte	comte	compte	[kɔ̃t]	童话	伯爵	银行账户
2.	font	fond	fonts	[fɔ̃]	(他们)做	(它)融化	圣水器
3.	nom	non		[nɔ̃]	名字	不	

CHANSON

Il était une bergère

Il était une bergère
Et ron et ron, petit patapon
Il était une bergère
Qui gardait ses moutons, ronron,
Qui gardait ses moutons.

Elle fit un fromage
Et ron et ron, petit patapon
Elle fit un fromage
Du lait de ses moutons, ronron,
Du lait de ses moutons.

Le chat qui la regarde...
...D'un petit air fripon

Si tu y mets la patte...
...Tu auras du bâton

Il n'y mit pas la patte...
...Il y mit le menton

La bergère en colère...
...Tua son p'tit chaton

Elle fut à son père...
...Lui demander pardon

Mon père je m'accuse...
...D'avoir tué mon chaton

Ma fille pour pénitence...
...Nous nous embrasserons

La pénitence est douce...
...Nous recommencerons

谚语　PROVERBE

Les bons comptes font les bons amis.

钱要算得很清楚才能做好朋友。

亲兄弟明算账。

[œ̃] un 一个

un **um**

quelqu'un
[kɛlkœ̃]
某人

parfum
[paʀfœ̃]
香水

这个音和 [ɛ̃] 音很相近,只是嘴巴不再是微笑的样子, 而是圆圆的。我们的建议是不管这个音, 只要念 [ɛ̃] 音就可以了。法国人不会听出来, 也不会在意。

Ce son ressemble fort à [ɛ̃], à la différence qu'il ne demande plus de sourire mais de bien ouvrir la bouche. Un conseil: laissez ce son de côté et prononcez-le comme [ɛ̃], les Français n'y verront que du feu…

● [œ̃] 音在词首

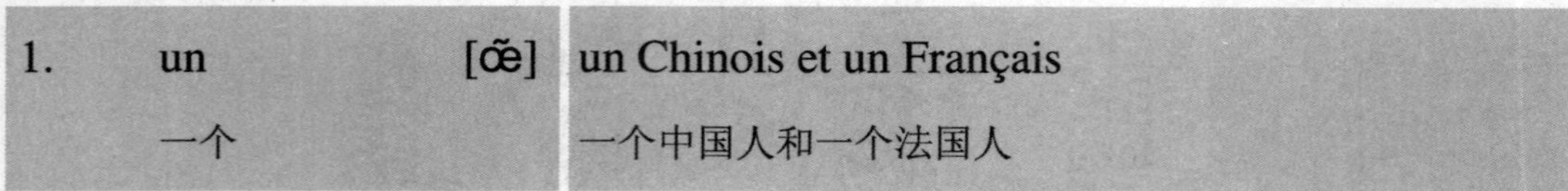

1.	un	[œ̃]	un Chinois et un Français
	一个		一个中国人和一个法国人

un / Chi / nois / et / un / Fran / çais

● [œ̃] 音在词尾

2.	quelqu'un 某人	[kɛlkœ̃]	Il‿y a quelqu'un? 有人吗?

I / ly / a / quel / qu'un?
I / lya / quel / qu'un?

☞ il‿y a [i li a] [i lja]

3.	brun 棕色	[bʀœ̃]	Il‿est blond ou brun? 他是金发还是棕发? — Il‿est brun. 棕发。

I / lest / blond / ou / brun? / I / lest / brun.

4.	parfum 香水	[paʀfœ̃]	J'aime bien ce parfum. 我喜欢这香水。

J'aime / bien / ce / par / fum.

CHANSON

Il était **un** petit navire

Il était ***un*** *petit navire (bis)*
Qui n'avait ja-ja-jamais navigué (bis)
Ohé! Ohé!

Il entreprit ***un*** *long voyage (bis)*
Sur la mer Méditerranée (bis)

Au bout de cinq à six semaines (bis)
Les vivres vinrent à manquer (bis)

On tira à la courte paille (bis)
Pour savoir qui serait mangé (bis)

Le sort tomba sur le plus jeune (bis)
Et c'est lui qui sera mangé (bis)

谚语 PROVERBE

Un de perdu, dix de retrouvés!

(ou encore: Une de perdue, dix de retrouvées!)

丢掉一个, 找回十个。

塞翁失马, 焉知非福。

天涯何处无芳草, 何必单恋一枝花。

半元音 …… 半辅音

SEMI-VOYELLES
(...SEMI-CONSONNES)

一目了然 En un coup d'œil…

法语中的三个半元音 (或半辅音) 及其各种不同的拼法

Les 3 semi-voyelles (ou "semi-consonnes") du français
et les nombreuses graphies dans lesquelles on les retrouve

国际音标	经常使用的拼法 graphies courantes	较少使用的拼法 graphies moins fréquentes	页数
[j]	i il ill	ï y	56
[ɥ]	u(a) u(eu) u(i)	u(on) u(y)	59
[w]	ou oi o(in)		63

[j]

[ynfamij] une famille 家庭

i	il	ill	ï	y
hier	soleil	famille	faïence	yaourt
[jɛʀ]	[sɔlɛj]	[famij]	[fajɑ̃s]	[jauʀt]
昨天	太阳	家庭	彩釉陶器	酸奶

事实上, [j] 音存在于某些中文字里面, 如 “夜” (yè) 或“游” (yóu)

En fait, le son [j] existe dans certains mots chinois, en première position; par exemple dans: 夜 (yè ; la nuit) ou 游 (yóu ; nager).

● [j] 音在词首

1. yaourt [jauʀt] 酸奶	Tu veux‿un yaourt nature‿ou un yaourt‿aux fruits? — Un yaourt nature, merci. 你要原味酸奶还是水果酸奶? 原味酸奶,谢谢!

Tu / veux / un / ya / ourt / na / ture / ou / un / ya / ourt / aux / fruits? / Un / ya / ourt / na / ture /, mer / ci.
Tu / veux / xun [zœ̃] / ya / ourt / na / tu / rou / un / ya / our / taux / fruits? / Un / ya / ourt / na / ture /, mer / ci.

● [j] 音在词尾

2.	famille [famij] 家庭，家人	J'ai de la famille‿à Taibei. 我有家人在台北。

J'ai / de / la / fa / mi / llà / Tai / bei.

☞ j'ai de la famille [ʒɛ də la fa mij]
✂ [ʒɛd la fa mij]
☞ de la famille‿à Taibei [də la fa mij a taj pɛ]
✂ [dla fa mi ja taj pɛ]

3.	ail [aj] 大蒜	J'adore l'ail. Et toi? — Je déteste l'ail! 我非常喜欢大蒜，你呢？ 我讨厌大蒜！

J'a / dore / l'ail. / Et / toi? / Je / dé / teste / l'ail!

4.	soleil [sɔlɛj] 太阳	Le soleil *tape* fort aujourd'hui! 今天的太阳好热！

Le / so / leil / *tape* / fort / au / jour / d'hui!

5.	fille [fij] 女孩	C'est‿une jolie fille! 她好漂亮！

C'est / tune / jo / lie / fille!

☞ C'est‿une [sɛ tyn]

● [j] 音在词中

6.	bien [bjɛ̃] 好	Il parle bien français. 他法语说得很好。

Il / par / le / bien / fran / çais. Il / parle / bien / fran / çais.

7.	hier [jɛʀ] 昨天	Il‿est‿arrivé quand? —Hier. 他什么时候到的？ 昨天。

I / lest / a / rri / vé / quand? / Hier.
I / lest / ta / rri / vé / quand? / Hier.

☞ il‿est‿arrivé [i lɛ a ʀi ve] [i lɛ ta ʀi ve]

HOMONYMES

同音异义字

1.	ail	aïe !	[aj]	大蒜	哎哟!
2.	lion	Lyon	[ljɔ̃]	狮子	里昂(城市)
3.	vieille	vieil	[vjɛj]	老的（阴性）	老的（阳性）

CHANSON

Monsieur Dumollet

Bon voyage, Monsieur Dumollet,
A Saint-Malo débarquez sans naufrage.
Bon voyage, Monsieur Dumollet,
Et revenez si le pays vous plaît.

Peut-être un jour une femme charmante
Vous rendra père aussi vite qu'époux,
Tâchez cette fois qu'personne ne vous démente
Quand vous direz que l'enfant est à vous.

谚语 PROVERBE

Le mieux est l'ennemi du bien.

"更好" 是 "好" 的敌人。

好了还想更好, 事情反而会搞糟。

[defʀɥi]　**des fruits**　水果

[ɥ]

u(a)	u(eu)	u(i)	u(on)	u(y)
nuage	sueur	lui	tuons	essuyer
[nɥaʒ]	[sɥœʀ]	[lɥi]	[tɥɔ̃]	[esɥije]
云	汗水	他	(我们)杀死	擦拭

我们可以按照下面的方法来发好 [ɥ] 音:

1. 先单独发: [y] 的音 (汉语拼音: *ü*), 再发随后而来的元音如 [i], [e], [ɛ], [a], [œ], [ɑ̃], [ɔ̃], [ɛ̃]。
2. 试着连续发两个音, 并且越来越快,直到将两者合而为一为止。

Pour bien prononcer [ɥ], on peut s'entraîner ainsi:

1. Dire séparément [y], puis la voyelle qui suit — [i], [e], [ɛ], [a], [œ], [ɑ̃], [ɔ̃],[ɛ̃].
2. Essayer de les prononcer ensemble de plus en plus vite, jusqu'à ce qu'ils se fondent en un seul son (une seule syllabe).

Exemples:						
	lui	→	[ly] / [i]	→	[lɥi]	他
	puer	→	[py] / [e]	→	[pɥe]	发出臭味
	muet	→	[my] / [ɛ]	→	[mɥɛ]	哑的
	nuage	→	[ny] / [aʒ]	→	[nɥaʒ]	云
	sueur	→	[sy] / [œʀ]	→	[sɥœʀ]	汗水
	puant	→	[py] / [ɑ̃]	→	[pɥɑ̃]	发臭的
	tuons	→	[ty] / [ɔ̃]		[tɥɔ̃]	(我们)杀死

● [ɥ] 音在词首

1. huit [ɥit] 八	Rendez-vous à huit‿heures! 八点见!

Ren / dez- / vous / à / hui / theures!
☞ huit‿heures! [ɥi tœʀ]

● [ɥ + …] 音在词尾

2. lui [lɥi] 他	Tu as rendez-vous avec Jean? — Oui, j'ai rendez-vous avec lui. 你和 Jean 有约吗? 是的,我和他有约。

Tu / as / ren / dez- / vous / a / vec / Jean? / Oui, / j'ai / ren / dez- / vous / a / vec / lui.

3. nuit [nɥi] 夜晚	Bonne nuit! 晚安!

Bonne / nuit!

4. fruit [fʀɥi] 水果	Vous voulez‿une bière‿ou un jus de fruit? — Un jus de fruit, s'il vous plaît. 您要喝啤酒或果汁? 果汁,谢谢。

Vous / vou / lez / une / bière / ou / un / jus / de / fruit? / Un / jus / de / fruit, / s'il / vous / plaît.

Vous / vou / lez / zune / biè / rou / un / jus / de / fruit? / Un / jus / de / fruit, / s'il / vous / plaît.

☞ un jus de fruit [œ̃ ʒy də fʀɥi]
✄ [œ̃ ʒyd fʀɥi]

5.	habitué 习惯于	[abitɥe]	Tu es‿habitué à parler vite? — Non, je ne suis pas‿habitué. 你习惯说话说得很快吗？ 不，我没有习惯。

Tu / es / ha / bi / tué / à / par / ler / vite?
/ Non, / je / ne / suis / pas / ha / bi / tué.

Tu / es / sha [za] / bi / tué / à / par / ler / vite?
/ Non, / je / ne / suis / pa / sha [za]/ bi / tué.

☞ tu es‿habitué [ty ɛ a bi tɥe] [ty ɛ za bi tɥe]

☞ pas‿habitué [pɑ a bi tɥe] [pɑ za bi tɥe]

☞ je ne suis pas [ʒə nə sɥi pɑ]
[ʒən sɥi pɑ]
[ʒsɥi pɑ] (familier!)
[ʃɥi pɑ] (familier!)

● [ɥ] 音在词中

6.	cuisine 烹饪	[kɥizin]	Tu préfères la cuisine chinoise‿ou la cuisine française? 你比较喜欢中国菜还是法国菜？

Tu / pré / fères / la / cui / sine / chi / noise / ou / la
/ cui / sine / fran / çaise?

Tu / pré / fères / la / cui / sine / chi / noi / sou [zu]
/ la / cui / sine / fran / çaise?

HOMONYMES
同音异义字

1.	puis	puits	[pɥi]	然后	井
2.	lui	luit	[lɥi]	他	(它)发光, 发亮
3.	cuit	cuis	[kɥi]	煮熟的	(我)煮

CHANSON

Le roi Dagobert

Le bon roi Dagobert
A mis sa culotte à l'envers
Le bon Saint Eloi
Lui dit: "O mon roi,
Votre Majesté
Est mal culottée.
— C'est vrai, lui dit le roi,
Je vais la remettre à l'endroit!"

Le bon roi Dagobert
Avait un grand sabre de fer
Le bon Saint Eloi
Lui dit: "O mon roi,
Votre Majesté
Pourrait se blesser
— C'est vrai, lui dit le roi,
Qu'on me donne un sabre de bois!"

谚语　PROVERBE

On reconnaît l'arbre à ses fruits.

我们看水果就知道是什么树。

见其果而知其树，观其行而知其人。

[œ̃nwazo] un oiseau 一只鸟

[w]

ou oi o(in)

ou	oi	o(in)
oui	voir	loin
[wi]	[vwaʀ]	[lwɛ̃]
是的	看见	遥远

我们可以按照下面的训练来发好 [w] 的音:

1. 按照情形先单独发 [u] 或者 [o] 的音（汉语拼音: *u* 或者 *ou*）
2. 再发随后而来的元音如 [i], [e], [ɛ], [a], [ɛ̃], [ɑ̃], [ɔ̃]
3. 试着连续发两个音, 并且越来越快, 直到将两者合而为一为止。

Pour bien prononcer [w], on peut s'entraîner ainsi:

1. Dire séparément [u] ou [o] selon le cas.
2. Puis prononcer la voyelle qui suit — [i], [e], [ɛ], [a], [ɛ̃], [ɑ̃], [ɔ̃].
3. Essayer de les dire ensemble de plus en plus vite, jusqu'à ce qu'ils se fondent en un seul son (une seule syllabe).

Exemples:						
	oui	→	[u] / [i]	→	[wi]	是的
	souhait	→	[su] / [ɛ]	→	[swɛ]	愿望
	jouer	→	[ʒu] / [e]	→	[ʒwe]	玩耍, 打球
	jouant	→	[ʒu] / [ɑ̃]	→	[ʒwɑ̃]	玩耍, 打球
	jouons	→	[ʒu] / [ɔ̃]	→	[ʒwɔ̃]	(我们)玩, 打球
	moi	→	[mo] / [a]	→	[mwa]	我
	loin	→	[lo] / [ɛ̃]	→	[lwɛ̃]	遥远

● [w] 音在词首

1.	oiseau 鸟	[wazo]	un petit‿oiseau 一只小鸟

un / pe / ti / toi / seau [zo]   un / pti / toi / seau [zo]

☞ un petit‿oiseau [œ̃ pə ti twa zo]
✂ [œ̃ pti twa zo]

● [w + …] 音在词尾

2.	jouer 玩耍, 打球	[ʒwe]	Tu veux jouer‿avec nous au basket? 你要跟我们打篮球吗?

Tu / veux / jouer / a / vec / nous / au / bas / ket?
Tu / veux / jouer / ra / vec / nous / au / bas / ket?

☞ jouer‿avec [ʒwe a vɛk] [ʒwe ʀa vɛk]

3.	fois 次数	[fwa]	une fois, deux fois, trois fois… 一次, 两次, 三次

une / fois, / deux / fois, / trois / fois…

● [w] 音在词中

4.	droite 右边	[dʀwat]	À gauche‿ou à droite? — À droite! 左边还是右边? 右边!

À / gauche / ou / à / droite? / À / droite!
À / gau / chou / à / droite? / À / droite!

☞ à gauche‿ou à…[a goʃ u a] [a go ʃu a]

5.	voilà 这是	[vwala]	Voilà mon numéro (de téléphone). 这是我的(电话)号码。

Voi / là / mon / nu / mé / ro.

6.	*chouette* 很棒	[ʃwɛt]	Le *prof* n'est pas là? *Chouette*! 老师不在? 好棒喔!

Le / *prof* / n'est / pas / là? / *Chouette*!

HOMONYMES

同音异义字

1.	crois	croît	croix	[kʀwa]	(我)想, 相信	(它)长大	十字架
2.	bois	boit		[bwa]	木	(他)喝	
3.	soie	soi		[swa]	丝	自己	

CHANSON

Joli tambour

*Tr**oi**s jeunes tambours*
S'en revenaient de guerre
*Tr**oi**s jeunes tambours*
S'en revenaient de guerre
Et ri et ran, ran pataplan
S'en revenaient de guerre

*La fille du r**oi***
Etait à sa fenêtre
*La fille du r**oi***
Etait à sa fenêtre
Et ri et ran, ran pataplan
Etait à sa fenêtre

谚语　PROVERBE

Voul**oi**r, c'est pouv**oi**r.

想要, 就可以做到。

有志者事竟成。

辅音 LES CONSONNES

一目了然 En un coup d'œil…

法语的十七个辅音及其各种不同的拼法
Les 17 consonnes du français et les nombreuses graphies dans lesquelles on les retrouve

国际音标	经常使用的拼法 graphies courantes					较少使用的拼法 graphies moins fréquentes				页数
[p]	p	pp								67
[b]	b					bb				70
[t]	t	tt				d	th			73
[d]	d					dd				76
[k]	c	cc	qu (+ a, e, i, o, u)			ch	k	q	x	80
[g]	g (+a, o, u)		gu (+ a, e, i, o, u , y)			gg	x			83
[f]	f	ff				ph				86
[v]	v					w				88
[s]	s	ss	c (+ e, i)	ç (+ a, o, u)	t (+i)	x				92
[z]	s					x	z			95
[ʃ]	ch					sch	sh			98
[ʒ]	j	g (e)	g (i)			g(y)				101
[l]	l	ll								104
[ʀ]	r	rr								107
[m]	m	mm								110
[n]	n	nn				mn				114
[ɲ]	gn									117

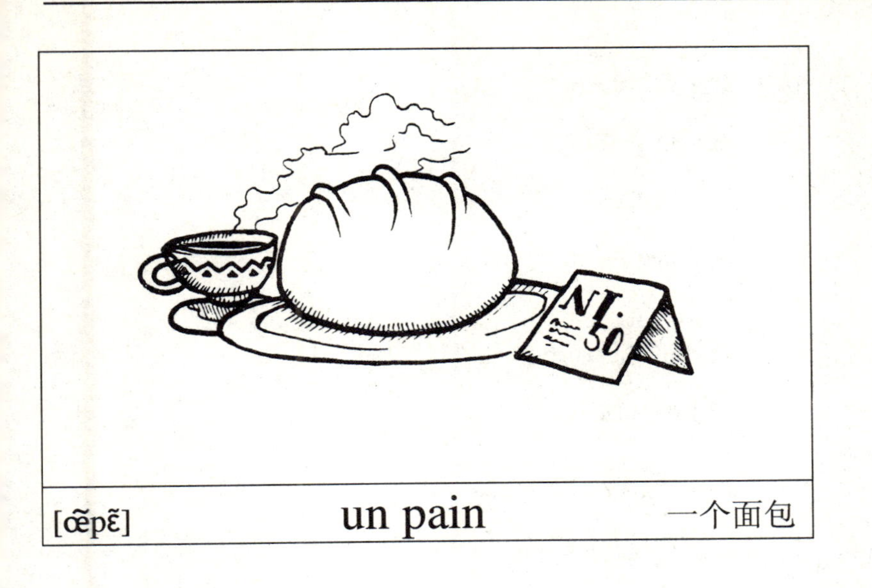

[œ̃pɛ̃] un pain 一个面包

[p]

p	pp
pas	apprendre
[pɑ]	[apʀɑ̃dʀ]
不，没有	学习

非常类似于中文的“不”*(bù)* 或“爸爸”*(bàba)* 的 ***b***。

Le phonème [p] est très proche du son initial qu'on entend dans les mots chinois 不 (négation) et 爸爸（«papa»).

● [p] 音在词首

1.	pain 面包	[pɛ̃]	Un pain, s'il vous plaît. 请给我一个面包。

Un / pain, / s'il / vous / plaît.

2.	(je) peux [pø] (我)可以 (pouvoir 的现在时)	Je peux entrer? 我可以进来吗?

Je / peux / en / trer?

● [p] 音在词尾

3.	soupe [sup] 汤	J'adore la soupe. 我很喜欢喝汤。

J'a / dore / la / soupe.

4.	grippe [gʀip] 流行感冒	Il‿a la grippe. 他重感冒了。

I / la / la / grippe.

● [p] 音在词中

5.	apprendre [apʀɑ̃dʀ] 学习	Je vais‿apprendre le français. 我要学法文。

Je / vais / a / pprendre / le / fran / çais.
Je / vai / sa [za] / pprendre / le / fran / çais.

☞ je vais‿apprendre [ʒə vɛ a pʀɑ̃dʀ]
[ʒə vɛ za pʀɑ̃dʀ]
✂ [ʒvɛ za pʀɑ̃dʀ]

6.	comprendre [kɔ̃pʀɑ̃dʀ] 了解, 明白	Vous comprenez? — Oui, oui, je comprends. 您懂吗? 懂了,我懂了。

Vous / com / pre / nez? / Oui, / oui, / je / com / prends.

HOMONYMES

同音异义字

1.	pain	peint	pin	[pɛ̃]	面包	(他)画图	松树
2.	point	poing		[pwɛ̃]	一点	拳头	
3.	plus	plu		[ply]	更多	下雨 (pleuvoir 的过去分词)	

CHANSON

En **p**assant **p**ar la Lorraine

*En **p**assant **p**ar la Lorraine*
Avec mes sabots
*En **p**assant **p**ar la Lorraine*
Avec mes sabots
*Rencontrai trois ca**p**itaines*
Avec mes sabots dondaine
Oh, oh, oh! avec mes sabots

*Rencontrai trois ca**p**itaines*
Avec mes sabots
*Rencontrai trois ca**p**itaines*
Avec mes sabots
*Ils m'ont a**pp**elé vilaine*
Avec mes sabots dondaine
Oh, oh, oh! avec mes sabots

谚语 PROVERBE

Plus on est de fous, **p**lus on rit.

发疯的人越多，笑声就越大。

人越多越热闹。

[b]

[debɑ̃bu] des bambous 一些竹子

b	**bb**
bien	abbaye
[bjɛ̃]	[abɛi]
好	修道院

这个音是中国学生的七大克星之一，中文里面并没有这个音素。要发好 [b] 的音，先要放松口腔的每一条肌肉，嘴形几乎与发 [p] 的音一样，最大的不同点是几乎没有感觉到有空气排出。

Ce son fait partie des sept grandes "bêtes noires" des Chinois qui apprennent le français. Il n'existe pas en mandarin. Pour bien prononcer [b], il faut commencer par détendre tous les muscles de la bouche. La position de la bouche est presque la même que pour [p].
Principale différence: on ne doit presque pas sentir le passage de l'air.

● [b] 音在词首

1.	blond	[blɔ̃]	Il‿est blond.
	金色的		他的头发是金色的。

I / lest / blond.

2. bifteck [biftɛk] 牛排	Un bifteck‿à point, s'il vous plaît! 请来一客五分的牛排。

Un / bif / teck / à / point, / s'il / vous / plaît!
Un / bif / te / ckà / point, / s'il / vous / plaît!

☞ un bifteck‿à point [œ̃ bif tɛk a pwɛ̃]
[œ̃ bif tɛ ka pwɛ̃]

● [b] 音在词尾

3. libre [libʀ] 自由的, 有空的	Tu es libre ce soir? — Oui, je suis libre. 你今晚有空吗? 有啊, 我有空。

Tu / es / libre / ce / soir? / Oui, / je / suis / libre.

● [b] 音在词中

4. obligé [ɔbliʒe] 必须的	Je suis‿obligé de partir. 我必须离开。

Je / suis / o / bli / gé / de / par / tir.
Je / sui / so [zɔ] / bli / gé / de / par / tir.

☞ je suis‿obligé [ʒə sɥi ɔ bli ʒe] [ʒə sɥi zɔ bli ʒe]

5. jambon [ʒɑ̃bɔ̃] 火腿	C'est du jambon, ça? — Mais oui, c'est du jambon! 这算是火腿吗? 是啊, 这当然是火腿。

C'est / du / jam / bon, / ça?/ Mais / oui, / c'est / du / jam / bon!

6. ambiance [ɑ̃bjɑ̃s] 气氛	Comment est l'ambiance? — Bonne, l'ambiance‿est bonne! 气氛怎么样? 很好啊, 气氛很好。

Co / mment / est / l'am / biance?/ Bonne, / l'am / bian / cest / bonne!

☞ l'ambiance‿est [lɑ̃ bjɑ̃ sɛ]

HOMONYMES

同音异义字

1.	bout	boue	[bu]	顶端	烂泥
2.	brut	brute	[bʀyt]	未经加工的	粗鲁的人
3.	bon	bond	[bɔ̃]	好的	跳跃

CHANSON

Au près de ma **b**londe

Dans les jardins d'mon père
les lilas sont fleuris (bis)
Tous les oiseaux du monde
Y viennent faire leur nid

(Refrain)
*Auprès de ma **b**londe, qu'il fait **b**on, fait **b**on, fait **b**on*
*Auprès de ma **b**londe, qu'il fait **b**on dormir*

La caille, la tourterelle et la jolie perdrix (bis)
*Et la **b**lanche colom**b**e qui chante jour et nuit*

谚语 PROVERBE

Qui a bu boira.

喝过的人, 就会再喝。

本性难移。

[dyte]　du thé　茶

[t]

t	tt	th	d
très	attendre	thé	quand‿il
[tʀɛ]	[atɑ̃dʀ]	[te]	[kɑ̃til]
很,非常地	等待	茶	当他…

非常类似于中文的“对不对?” ***(duì bu duì)*** 的 ***d***。

Le phonème [t] est très proche du son initial qu'on entend à deux reprises dans la question 对不对? *(«N'est-ce pas?»)* en chinois.

● [t] 音在词首

1. thé [te] 茶	Vous‿aimez le thé vert? — Pas vraiment. Je préfère le thé noir. 你喜欢喝绿茶吗?　不怎么喜欢,我比较喜欢喝红茶。

Vou / sai [zɛ] / mez / le / thé / vert? / Pas / vrai / ment. / Je / pré / fère / le / thé / noir.

☞ Vous‿aimez [vu zɛme]

2.	tête 头	[tɛt]	J'ai mal‿à la tête! 我头痛!

J'ai / ma / là / la / tête!

☞ j'ai mal‿à… [ʒɛ ma la]

● [t] 音在词尾

3.	vite 快，迅速地	[vit]	Vous parlez trop vite! 您说话说得太快了!

Vous / par / lez / trop / vite!

4.	fête 节日	[fɛt]	Aujourd'hui, c'est la fête des‿enfants! 今天是儿童节。

Au / jour / d'hui, / c'est / la / fête / de / sen / fants!

☞ des‿enfants [de zɑ̃ fɑ̃]

● [t] 音在词中

5.	été 夏天	[ete]	Ici, il fait très chaud en‿été. 这里夏天很热。

I / ci, / il / fait / très / chaud / en / nété.

☞ en‿été [ɑ̃ ne te]

6.	printemps 春天	[pʀɛ̃tɑ̃]	Au printemps, il pleut beaucoup. 春天的时候常下雨。

Au / prin / temps, / il / pleut / beau / coup.

HOMONYMES
同音异义字

1.	ton	thon	[tɔ̃]	你的	金枪鱼
2.	date	datte	[dat]	日期	椰枣
3.	mite	mythe	[mit]	蛀虫	神话

CHANSON

Le petit chasseur

Il était un petit homme
A cheval sur un bâton
Il s'en allait à la chasse
A la chasse aux z'hannetons

(Refrain)
Et ti ton tain
Et ti ton tain
Et ti ton tain et ti ton ton

Quand il fut sur la montagne
Il partit un coup d'canon
Il en eut si peur tout d'même
Qu'il tomba sur ses talons

谚语 PROVERBE

Autres temps, autres mœurs.

不同的时代, 不同的风俗。

时代不同, 风俗各异。

[d]

[ynide] **une idée** 想法, 点子

d	**dd**
idée [ide] 想法, 点子	addition [ad(d)isjɔ̃] 买单, 加法

要发好 [d] 的音, 先要放松口腔的每一条肌肉，嘴形几乎与发 [t] 的音一样。
最大的不同点是几乎没有感觉有空气排出。
Pour bien prononcer [d], il faut commencer par détendre tous les muscles de la bouche. La position de la bouche est presque la même que pour [t].
Principale différence: on ne doit presque pas sentir le passage de l'air.

● [d] 音在词首

1.	donner [dɔne] 给予	Vous pouvez me donner votre numéro? — Je vous le donne tout de suite! 您可以给我您的电话号码吗?　　我马上给您!

Vous / pou / vez / me / do / nner / vo / tre / nu / mé / ro?
/ Je / vous / le / donne / tout / de / suite!
Vous / pou / vez / me / do / nner / votre / nu / mé / ro?
/ Je / vous / le / donne / tout / de / suite!

☞ vous pouvez me donner [vu pu ve mə dɔ ne]

✂ [vu pu vem dɔ ne]
[vu pu ve mdɔ ne]

☞ je vous le donne [ʒə vu lə dɔn]

✂ [ʒə vul dɔn]

✂✂ [ʒvul dɔn]

☞ tout de suite [tu də sɥit]

✂ [tud sɥit]

2. dernier [dɛʀnje] 最后的	C'était quand? — Samedi dernier. 是什么时候的事了? 上星期六。

C'é / tait / quand? / Same / di / der / nier.

● [d] 音在词尾

3. mode [mɔd] 流行	C'est‿à la mode! 现在很流行这个!

C'est / à / la / mode!
C'est / tà / la / mode!

☞ c'est‿à la mode [sɛ a la mɔd]
[sɛ ta la mɔd]

4. monde [mɔ̃d] 人们	Tout le monde‿y va? — Oui, tout le monde‿y va. 大家都去吗? 是的,大家都去。

Tout / le / mon / dy / va? / Oui, / tout / le / mon / dy / va.

☞ tout le monde‿y va [tu lə mɔ̃ di va]

✂ [tul mɔ̃ di va]

● [d] 音在词中

5. idée [ide] 想法，点子	Tu as une‿idée? — Non, aucune‿idée. 你有任何点子吗？ 完全没有。	

Tu / as / u / ni / dée? / Non, / au / cu / ni / dée.

☞ une‿idée [y ni de]

☞ aucune‿idée [o ky ni de]

6. prendre [pRɑ̃dR] 搭，乘	Il faut prendre le bus‿ou le train? — Il faut prendre le bus. 要搭公车还是坐火车？ 搭公车。

Il / faut / prendre / le / bus / ou / le / train?

/ Il / faut / prendre / le / bus.

Il / faut / prendre / le / bu / sou / le / train?

/ Il / faut / prendre / le / bus.

☞ le bus‿ou le train [lə bys u lə tRɛ̃]
[lə by su lə tRɛ̃]

HOMONYMES
同音异义字

1.	dois	doit	doigt	[dwa]	(你)必须	(他)必须	手指
2.	dans	dent		[dɑ̃]	在…里面	牙齿	
3.	du	dû		[dy]	部分冠词	必须(devoir 的过去分词)	

CHANSON

Fais **do**do

(Refrain:)

*Fais **dodo***
Colas mon p'tit frère
*Fais **dodo***
T'auras du lolo

Maman est en haut
Qui fait du gâteau
Papa est en bas
Qui fait l'chocolat

Ta sœur est en haut
Qui fait des chapeaux
Ton frère est en bas
Qui fait du nougat

Ton cousin Gaston
Fait des gros bonbons
Ta cousine Charlotte
Fait de la compote

谚语 PROVERBE

Qui **d**ort **d**îne.

睡觉的人就是吃晚饭的人。

睡觉就可以忘记饥饿。

≈ 汉语拼音的 *g*

[ekute] écouter 听

c	cc	qu	q	ch	k	x
café	accumuler	qui	coq	chronique	kiwi	excité
[kafe]	[akymyle]	[ki]	[kɔk]	[kʀɔnik]	[kiwi]	[ɛksite]
咖啡	累积	谁	公鸡	慢性的	奇异果	兴奋的

● [k] 音在词首

1.	café 咖啡	[kafe]	Vous voulez du café ou du thé? — Du café, merci. 您要喝咖啡还是喝茶? 咖啡, 谢谢!

Vous/ vou/ lez/ du/ ca/ fé/ ou/ du/ thé? / Du / ca / fé,/ mer / ci.

2.	coûter 价值	[kute]	Ça coûte combien? — Ça coûte cher! 这个值多少钱? 这个好贵喔!

Ça / coûte / com / bien? / Ça / coûte / cher!

● [k] 音在词尾

3.	chic [ʃik] 高雅的，漂亮的	Tu es très chic‿aujourd'hui! 今天你穿得好漂亮!

Tu / es / très / chic / au / jour / d'hui!
Tu / es / très / chi / cau / jour / d'hui!

4.	sac [sak] 包，袋	Les clés sont dans le sac. 钥匙在包里面。

Les / clés / sont / dans / le / sac.

● [k] 音在词中

5.	écouter [ekute] 仔细听	Ecoute ce qu'il dit! 仔细听他说的话!

E / coute / ce / qu'il / dit.

6.	écrire [ekRiR] 书写	Je ne sais pas‿écrire ce mot. 我不会写这个字。

Je / ne / sais / pas / é / crire / ce / mot.
Je / ne / sais / pa / sé [ze] / crire / ce / mot.

HOMONYMES
同音异义字

1.	car	quart			[kaR]	客运汽车	四分之一		
2.	quand	quant	camps	Caen	[kɑ̃]	当…时候	至于	阵营	冈城
3.	coq	coque	coke		[kɔk]	公鸡	船壳	焦炭	

CHANSON

Le chevalier du guet

(Chœur:) ***Qu****e demande le chevalier?*
C*ompagnons de la marjolaine*
Qu*e demande le chevalier?*
Gai, gai, dessus le ***qu****ai*

(Le chevalier:)

Une fille à marier
C*ompagnons de la marjolaine*
Une fille à marier
Gai, gai, dessus le ***qu****ai*

(Chœur:) Mais nos filles sont ***c****ouchées*
C*ompagnons de la marjolaine*
Mais nos filles sont ***c****ouchées*
Gai, gai, dessus le ***qu****ai*

(Le chevalier:) En est-il une d'éveillée?
C*ompagnons de la marjolaine*
En est-il une d'éveillée?
Gai, gai, dessus le ***qu****ai*

谚语　PROVERBE

Il n'y a **qu**e le premier pas **qu**i **c**oûte.

走第一步最费劲。

万事开头难。

[sɛgRɑ̃] C'est grand! 这个好大!

[g]

g	gu	gg	x
grand	guerre	s'aggraver	examen
[gRɑ̃]	[gɛR]	[sagRave]	[ɛgzamɛ̃]
大的	战争	变严重	考试

要发好 [g] 的音,先要放松口腔的每一条肌肉，嘴形几乎与发 [k] 的音一样。
最大的不同点是几乎没有感觉有空气排出。

Pour bien prononcer [g], il faut commencer par détendre tous les muscles de la bouche. La position de la bouche est presque la même que pour [k].
Principale différence: on ne doit presque pas sentir le passage de l'air.

● [g] 音在词首

1.	gare 火车站	[gaR]	Je vais‿à la gare de Taibei. 我要去台北火车站。

Je / vais / à / la / gare / de / Tai / bei.
Je / vai / sà [za] / la / gare / de / Tai / bei.

☞ Je vais à [ʒə vɛ a] [ʒə vɛ za]

☞ Je vais [ʒə vɛ] ✂ [ʒvɛ]

2.	grand 大的	[gʀɑ̃]	C'est grand comment? — C'est grand comme ça *(+ geste)*. 有多大? 有这么大 *(加上手势)*。

C'est / grand / co / mment? / C'est / grand / comme / ça .

● [g] 音在词尾

3.	langue 语言	[lɑ̃g]	Le français est‿une belle langue. 法文是一个美丽的语言。

Le / fran / çais / est / tune / belle / langue.

☞ est‿une [ɛ tyn]

4.	mangue 芒果	[mɑ̃g]	J'adore les mangues! — Pas moi. Je n'aime pas les mangues. 我很喜欢吃芒果! 我啊,我不喜欢吃芒果。

J'a / dore / les / mangues! / Pas / moi. / Je / n'aime / pas / les / mangues.

☞ je n'aime pas [ʒə nɛm pɑ]

✂ [ʒnɛm pɑ]

● [g] 音在词中

5.	légume 蔬菜	[legym]	Les légumes, c'est bon pour la santé! 蔬菜有益于健康!

Les / lé / gumes, / c'est / bon / pour / la / san / té!

6.	égoïste 自私的	[egɔist]	Ne sois pas‿aussi égoïste! 不要这么自私嘛!

Ne / sois / pas / au / ssi / é / go / ïste!
Ne / sois / pa / sau [zo] / ssi / é / go / ïste!

☞ pas aussi [pɑ o si] [pɑ zo si]

HOMONYMES
同音异义字

1.	goutte	goûte [gut]	水滴	(我,他)品尝
2.	gui	Guy [gi]	槲寄生	吉(人名)

CHANSON
La tour prend **g**arde

*La tour prend **g**arde*	*Nous n'avons **g**arde*	*J'irai me plaindre*	*Eh! Va te plaindre*
(bis)	*(bis)*	*(bis)*	*(bis)*
De te laisser abattre	*De nous laisser abattre*	*Au duc de Bourbon*	*Au duc de Bourbon*

谚语 PROVERBE
Aux **g**rands maux les **g**rands remèdes.

重病下重药。

非常时机非常手段。

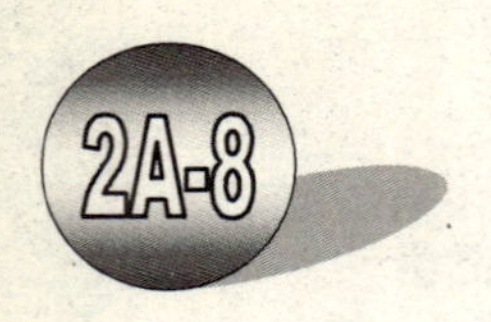

[f]

≈ 汉语拼音的 *f*

[ʒefɛ̃] J'ai faim! 我饿了!

f

faire
[fɛʀ]
做

ff

coiffeur
[kwafœʀ]
理发师

ph

téléphone
[telefɔn]
电话

● [f] 音在词首

1.	photo 相片	[foto]	J'ai fait beaucoup de photos. 我拍了很多照片。

J'ai / fait / beau / coup / de / pho / tos.

2.	faim 饥饿	[fɛ̃]	J'ai un peu faim, et toi? — Non, moi, je n'ai pas très faim. 我有一点饿, 你呢? 我呀, 我不太饿。

J'ai/un/ peu/ faim,/et/ toi?/ Non,/ moi,/ je/ n'ai/ pas/ très/ faim.

3.	froid 冷的	[fʀwa]	Brrr… Il fait froid ici! 噗…这里好冷!

Brrr… / Il / fait / froid / i / ci!

● [f] 音在词尾

4.	soif 口渴	[swaf]	Il fait chaud ici! J'ai soif! 这里好热! 我口渴!

Il / fait / chaud / i / ci! / J'ai / soif!

5.	bœuf 牛	[bœf]	J'aime bien les nouilles au bœuf. 我蛮喜欢吃牛肉面。

J'aime / bien / les / nouilles / au / bœuf.

● [f] 音在词中

6.	différent 不同的	[difeʀɑ̃]	[ɑ̃] et [ɔ̃], c'est différent! [ɑ̃] 和 [ɔ̃], 非常不一样喔!

[ɑ̃] / et / [ɔ̃], / c'est / di / ffé / rent!

HOMONYMES
同音异义字

1.	fard	phare	[faʀ]	脂粉	车子的前大灯
2.	filtre	philtre	[filtʀ]	过滤器	春药，媚药

CHANSON

Ainsi **f**ont les petites marionnettes

Ainsi font, font, font
Les petites marionnettes
Ainsi font, font, font
Trois p'tits tours
Et puis s'en vont

Les poings aux côtés
Marionnettes, marionnettes
Les poings aux côtés
Marionnettes
Sautez sautez!

谚语 PROVERBE

Il n'y a pas de fumée sans feu.
没有火就不会有烟。无风不起浪。

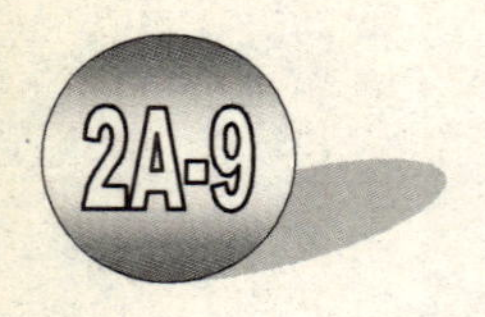

[v]

[dyvɛ̃] du vin 酒

V	W
voir	wagon
[vwaʀ]	[vagɔ̃]
看见	车厢

中文里面没有这个音, 但一般学起来很快。

要发好 [v] 的音, 先要放松口腔的每一条肌肉, 嘴形几乎和发 [f] 的音一样。最大不同是发 [f] 的音时,可以清楚地听到从上面牙齿与下嘴唇间空气排出的摩擦音。[f]可以单独发声, 你也可以试着单独发 [v] 音, 你应该几乎什么都听不到, 必须在后面加上一个元音 ([i], [e], [a] 等) 才可以察觉 [v] 音的存在。

Ce phonème n'existe pas en mandarin mais s'apprend généralement vite.
Pour bien prononcer [v], il faut commencer par détendre tous les muscles de la bouche. La position de la bouche est presque la même que pour [f].
Principale différence:

- avec [f], on entend distinctement la friction de l'air (qui passe avec difficulté entre les dents supérieures et la lèvre inférieure);
- avec [v], le passage de l'air reste généralement silencieux (il passe sans difficulté entre les dents supérieures et la lèvre inférieure). Vous êtes obligé d'ajouter une voyelle derrière ([i], [e], [a]...) pour l'entendre.

● [v] 音在词首

1. (je)vais [vε]
(我)去

Je vais‿à la gare, et vous?
— Moi, je vais‿à la piscine!

我要去火车站, 您呢? 我呀, 我要去游泳池!

Je / vais / à / la / gare, / et / vous? / Moi, / je / vais / à / la / pi / scine!

Je / vais / à / la / gare, / et / vous?
/ Moi, / je / vai / sà [za] / la / pi / scine!

☞ je vais à [ʒə vε a]
[ʒə vε za]

2. vin [vε̃]
酒

Avec le fromage‿il faut du vin rouge.

吃乳酪一定要配红酒。

A / vec / le / fro / mage / il / faut / du / vin / rouge.

A / vec / le / fro / ma / gil / faut / du / vin / rouge.

☞ avec le fromage‿il faut [a vεk lə fʀɔ maʒ il fo]
[a vεk lə fʀɔ ma ʒil fo]

3. vendre [vɑ̃dʀ]
卖, 出售

Je te vends mon‿ordinateur, d'accord?

我把我的电脑卖给你,好吗?

Je / te / vends / mon / nor / di / na / teur, / d'a / ccord?

☞ mon‿ordinateur [mɔ̃ nɔʀ di na tœʀ]

● [v] 音在词尾

4.	grave [gʀav] 严重的	Ce n'est pas grave, ça ne fait rien! 这不严重, 没关系!

Ce / n'est / pas / grave, / ça / ne / fait / rien!

● [v] 音在词中

5.	souvent [suvɑ̃] 时常	Vous faites souvent du sport? — Non, pas souvent. 您常运动吗? 不,不常运动。

Vous / faites / sou / vent / du / sport? / Non, / pas / sou / vent.

6.	avion [avjɔ̃] 飞机	Quand‿est-ce que vous prenez l'avion? 您什么时候要搭飞机?

Quan / dest-ce [tɛs] / que / vous / pre / nez / l'a / vion?

Quan / dest-ce que [tɛsk] / vous / pre / nez / l'a / vion?

☞ Quand‿est-ce que [kɑ̃ tɛs kə]

✂ [kɑ̃ tɛsk]

HOMONYMES

同音异义字

1. la vie	l'avis		[lavi]	生命	意见	
2. vend	vends	vent	[vɑ̃]	(他)卖	(我,你)卖	风
3. vue	vu		[vy]	眼力	看 (voir 的过去分词)	

CHANSON

V'là l'bon vent

V'là l'bon vent, v'là l'joli vent
V'là l'bon vent, ma mie m'appelle
V'là l'bon vent, v'là l'joli vent
V'là l'bon vent, ma mie m'attend
Derrière chez nous y'a un étang (bis)
Trois beaux canards s'y vont baignant

Y'en a deux noirs y'en a un blanc (bis)
Le fils du roi s'en vient chassant

Oh fils du roi tu es méchant (bis)
D'avoir tué mon canard blanc

Après la plume va le sang (bis)
Après le sang, l'or et l'argent

Que ferons-nous de tant d'argent (bis)
Nous mettrons nos filles au couvent

Nous mettrons nos filles au couvent (bis)
Et nos garçons au régiment

谚语 PROVERBE

Un homme averti en vaut deux.

一个有经验的人等于两个人。

老将出马，一个顶俩。

[s]

[esɛje]	essayer	尝试

≈ 汉语拼音的 ***s***

S	SS	C (+e, i)	Ç (+a, o, u)	t(+i)	X
sa	aussi	ce	français	attention	dix
[sa]	[osi]	[sə]	[fʀɑ̃sɛ]	[atɑ̃sjɔ̃]	[dis]
他的	也	这个…	法语	注意	十

● [s] 音在词首

1.	savoir [savwaʀ] 知道, 会	Tu sais nager? — Bien sûr que je sais! 你会游泳吗? 我当然会!

Tu / sais / na / ger?

● [s] 音在词尾

2.	France [fʀɑ̃s] 法国	Je vais‿aller‿en France l'an prochain. 明年我要去法国。

Je / vais / a / ller / en / France / l'an / pro / chain.
Je / vai / sa [za] / ller / ren / France / l'an / pro /chain.

☞ je vais aller [ʒə vɛ a le] [ʒə vɛ za le] ✂ [ʒvɛ…]

☞ aller en [a le ɑ̃] [a le ʀɑ̃]

3.	(je) pense [pɑ̃s] (我)想	Je pense que tu as raison. 我想你是对的。

Je / pense / que / tu / as / rai / son.

☞ je pense [ʒə pɑ̃s]

✄ [ʒpɑ̃s]

✄ [ʃpɑ̃s] (familier)

☞ tu as [ty a]

✄ [ta] (familier)

4.	six [sis] 六	Trois et trois, six. 三加三等于六。

Trois / et / trois, / six.

● [s] 音在词中

5.	essayer [esɛje] 尝试	Essaie (= essaye), tu verras bien! 试试看你就知道了！

E / ssaie, / tu / ve / rras / bien!

E / ssaye, / tu / ve / rras / bien!

6.	(s')asseoir [(s)aswaʀ] 坐下	Je peux m'asseoir? 我可以坐下吗?

Je / peux / m'a / sseoir?

HOMONYMES

同音异义字

1.	si	scie	ci	[si]	如果	锯子	这里, 这…
2.	face	fasse		[fas]	面孔	(*faire* 的虚拟式)	
3.	pouce	pousse		[pus]	拇指	(我)推	

CHANSON

Sur le pont d'Avignon

(Refrain)

Sur le pont d'Avignon
On y danse, on y danse
Sur le pont d'Avigon
On y danse tous en rond

Les beaux messieurs font comme ça
Et puis encore comme ça

Les belles dames font comme ça
Et puis encore comme ça

谚语 PROVERBE

Si jeunesse savait, si vieillesse pouvait…

如果年轻人知道,老年人能够…那该多好!

如果年轻人有经验,老年人有精力,那该多好!

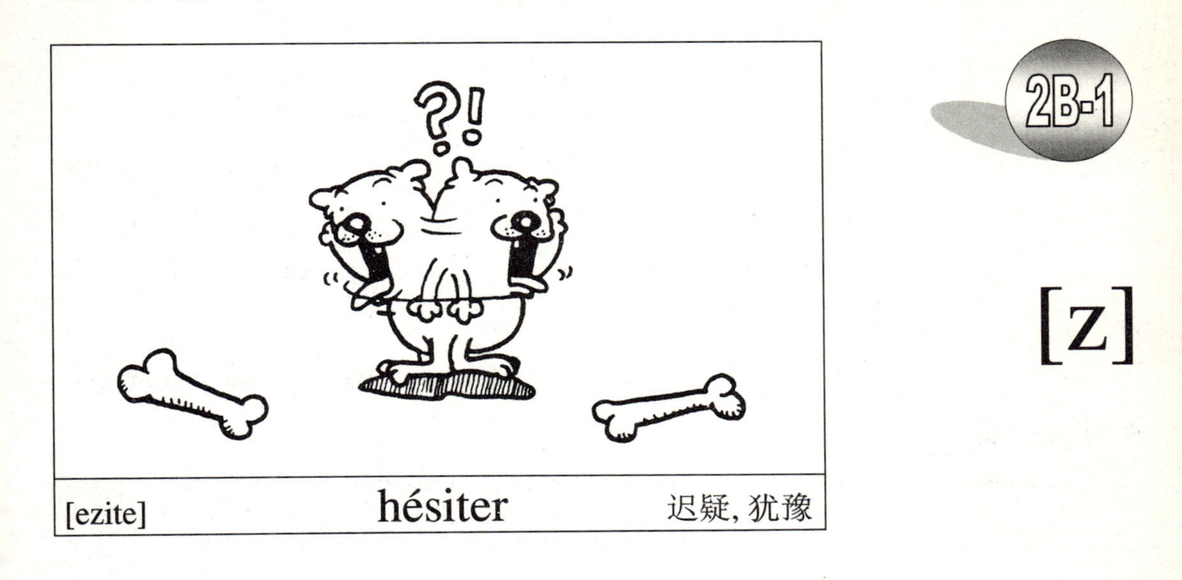

[ezite] **hésiter** 迟疑，犹豫

S	X	Z
oser ; des‿amis	exact	zéro
[oze] ; [dezami]	[egzakt]	[zeRo]
敢于; 朋友	准确的	零

发 [z] 的音，嘴形和发 [s] 音一样。最大的不同是发 [s] 音时会听到嘶嘶声，就像蛇发出的声音，而发 [z] 音时可以清楚地听到声带的振动，有点像蚊子或蜜蜂的翅膀振动的声音。因此，如果你 [z] 音发得很好，你把手放在喉咙处就可以感觉它在振动 (与发 [s] 音时大不相同!)。

Pour prononcer [z], la position de la bouche est la même que pour [s].
Principale différence:
- pour [s] on entend un simple sifflement, comme celui d'un serpent;
- pour [z] on entend nettement la vibration des cordes vocales, un peu comme le vrombissement des ailes d'un moustique ou d'un bourdon. Si vous prononcez bien [z], en mettant votre main sur votre gorge, vous la sentirez donc vibrer (rien de semblable pour [s] en revanche!).

● [z] 音在词尾

1. chose [ʃoz] 东西	Je n'ai pas le temps, j'ai quelque chose‿à faire. 我没空,我有事要做。

Je / n'ai / pas / le / temps, / j'ai / quel / que / chose / à / faire.
Je / n'ai / pas / le / temps, / j'ai / quel / que / cho / sà [za] / faire.

☞ quelque chose‿à [kɛl kə ʃoz a]
[kɛl kə ʃo za]

✂ [kɛk ʃo za] (familier)

☞ je n'ai pas le temps [ʒə nɛ pɑ lə tɑ̃]

✂ [ʒə nɛ pɑ ltɑ̃]

✂✂ [ʒnɛ pɑ ltɑ̃]

✂✂✂ [ʒɛ pɑ ltɑ̃] (familier)

● [z] 音在词中

2. oser [oze] 敢于	Je n'ose pas parler‿en classe. 我不敢在课堂上说话。

Je / n'ose / pas / par / ler / en / classe.
Je / n'ose / pas / par / ler / ren / classe.

☞ parler en [paʀ le ɑ̃] [paʀ le ʀɑ̃]

3. maison [mɛzɔ̃] 房子	Au revoir tout le monde! Moi, je rentre‿à la maison! 大家再见!我啊,我要回家了。

Aure/voir/tout/le/monde!/Moi,/je/rentre/à/la/mai/son!
Aure/voir/tout/le/monde!/Moi,/je/ren/trà/la/mai/son!

☞ au revoir [o(ɔ) ʀə vwaʀ] ✂ [o(ɔ)ʀ vwaʀ]

☞ tout le monde [tu lə mɔ̃d] ✂ [tul mɔ̃d]

☞ je rentre à [ʒə ʀɑ̃tʀ a] [ʒə ʀɑ̃ tʀa]

✂ [ʒʀɑ̃ tʀa]

4. hésiter [ezite] 迟疑, 犹豫	J'hésite‿à aller‿en France cette‿année. 我还在犹豫今年是不是要到法国去。

J'hé / si / tà / a / ller / en / France / cet / ta / nnée.

☞ j'hésite‿à [ʒe zi ta]

☞ aller‿en [a le ɑ̃] [a le ʀɑ̃]

☞ cette‿année [sɛ ta ne] ✄ [sta ne] (familier)

5. exercice [egzɛRsis] 练习	J'ai fini l'exercice numéro onze. 我做完了练习 11。

J'ai / fi / ni / l'ex [eg] / xer [zɛR] / cice / nu / mé / ro / onze.

6. examen [egzamɛ̃] 考试	Demain, j'ai un‿examen. 明天，我有一个考试。

De / main, /j'ai / un / nex [neg] / xa [za] / men.

☞ un‿examen [œ̃ neg za mɛ̃]

HOMONYMES
同音异义字

1. les arts lézard [lezaR] 艺术 蜥蜴
2. des ires désir [deziR] 愤怒 欲望

CHANSON

La boulangère a des écus

La boulangère a des écus qui
ne lui coûtent guère (bis)
Elle en a, je les ai vus
J'ai vu la boulangère aux écus
J'ai vu la boulangère

Des garçons gentils sont venus
qui offraient pour lui plaire
(bis)
Des fleurettes au lieu d'écus
Les envoyait Ian Ière vois-tu
Les envoyait Ian Ière

La boulangère a des écus qui
ne lui coûtent guère (bis)
Elle en a, je les ai vus
J'ai vu la boulangère aux écus
J'ai vu la boulangère

谚语 PROVERBE

Chose promise, chose due.
答应的事情就是该做的事情。
说到做到。

≈ 汉语拼音的 ***sh***

[ilfɛʃo] **Il fait chaud!** 好热!

ch	**sch**	**sh**
chocolat	schéma	shampoing
[ʃɔkɔla]	[ʃema]	[ʃɑ̃pwɛ̃]
巧克力	图表	洗发精

● [ʃ] 音在词首

1.	Chine 中国	[ʃin]	La Chine‿a une longue‿histoire. 中国历史悠久。

La / Chine / a / une / lon / gu-his [gis]/ toire.

☞ la Chine‿a [la ʃin a] [la ʃi na]

☞ une longue‿histoire. [yn lɔ̃ gis twaʀ]

2.	chez 在…家里	[ʃe]	Je rentre chez moi! 我回我家!

Je / rentre / chez / moi!

☞ je rentre [ʒə ʀɑ̃tʀ]

✂ [ʒʀɑ̃tʀ]

✂✂ [ʒʀɑ̃t] (familier)

3. chaud [ʃo] 热的	Il fait chaud chez toi! 你家好热!

Il / fait / chaud / chez / toi!

● [ʃ] 音在词尾

4. riche [Riʃ] 富有的	Je ne suis pas riche, mais je me débrouille. 我不是很有钱,但还可以活。

Je / ne / suis / pas / riche, / mais / je / me / dé / brouille.

☞ je ne suis pas [ʒə nə sɥi pɑ]

✂ [ʒən sɥi pɑ]

✂✂ [ʒsɥi pɑ] (familier!)

✂✂✂ [ʃɥi pɑ] (familier!)

☞ je me débrouille [ʒə mə de bRuj]

✂ [ʒəm de bRuj]

✂ [ʒmə de bRuj]

5. dimanche [dimɑ̃ʃ] 星期日	Dimanche, je vais‿aller‿à la montagne! 星期日,我要去爬山。

Di / manche, / je / vais / a / ller / à / la / mon / tagne!
Di / manche, / je / vai / sa [za] / ller / rà / la / mon / tagne!

☞ je vais‿aller [ʒə vɛ a le][ʒə vɛ za le]

✂ [ʒvɛ...]

☞ aller‿à [a le a] [a le Ra]

● [ʃ] 音在词中

6. acheter [aʃ(ə)te] 购买	N'oublie pas d'acheter du lait! 别忘了买牛奶!

N'ou / blie / pas / d'a / che / ter / du / lait!

☞ acheter [a ʃə te] ✂ [aʃ te]

HOMONYMES

同音异义字

1. chaud	chaux	[ʃo]	热的	石灰
2. chant	champ	[ʃɑ̃]	歌曲	田园

CHANSON

Savez-vous planter les **ch**oux

*Savez-vous planter les **ch**oux*
A la mode, à la mode
*Savez-vous planter les **ch**oux*
*A la mode de **ch**ez nous?*

On les plante avec les mains
A la mode, à la mode
On les plante avec les mains
*A la mode de **ch**ez nous?*

On les plante avec le pied…
On les plante avec le coude…
On les plante avec le genou…
On les plante avec le nez…

谚语 PROVERBE

Chat é**ch**audé craint l'eau froide.

开水烫过的猫看到冷水都怕。

一朝被蛇咬十年怕草绳。

[leʒɑ̃] les gens 人们

[ʒ]

≈ 汉语拼音的 ***r***

j	g(e)	g(i)	g(y)
bonjour [bɔ̃ʒuR] 日安, 你好	gens [ʒɑ̃] 人们	région [Reʒjɔ̃] 地区	gymnastique [ʒimnastik] 体操

请注意: 在汉语里, 一般倾向于在口腔后面, 靠近喉咙的部位发音。但法语的发音部位应该在口腔前面。
Attention: en mandarin, on a tendance à prononcer ce phonème à l'arrière de la cavité buccale, près de la gorge. En français, ce serait plutôt vers l'avant de la bouche.

● [ʒ] 音在词首

1.	joli [ʒɔli] 美丽的	C'est joli, ça! 这个好漂亮!

C'est / jo / li, / ça!

2.	gens [ʒɑ̃] 人们	En France, beaucoup de gens ne savent pas l'anglais. 法国有很多人不会说英文。

En/France,/beau/coup/de/gens/ne/savent/pas/l'an/glais.

☞ beaucoup de gens ne savent pas [bo ku də ʒɑ̃ nə sav pɑ]

✄ [bo ku dʒɑ̃ nsav pɑ]

✄ [bo kud ʒɑ̃ nsav pɑ]

● [ʒ] 音在词尾

3. rouge [Ruʒ] 红色的	Vous voulez du vin blanc ou du vin rouge? — Du vin rouge, s'il vous plaît. 您要白酒还是红酒? 红酒,谢谢。

Vous / vou / lez / du / vin / blanc / ou / du / vin / rouge? / Du / vin / rouge, / s'il / vous / plaît.

4. voyage [vwajaʒ] 旅行	Je vais faire‿un voyage‿au Québec, cet‿été. 今年夏天,我要去魁北克旅行。

Je/vais/faire/un/voy/yage/au/Qué/bec, /cet/té/té.
Je/vais/fai/run/voy/ya/geau/Qué/bec, /cet/té/té.

☞ faire‿un voyage‿au [fɛR œ̃ vwa jaʒ o]
[fɛ Rœ̃ vwa ja ʒo]

● [ʒ] 音在词中

5. toujours [tuʒuR] 总是	Je vais toujours‿au cinéma avec des‿amis. 我总是和朋友一起去看电影。

Je/vais/tou/jours/au/ci/né/ma/a/vec /des/sa/mis.
Je/vais/tou/jou/rau/ci/né/ma/a/vec /des/sa/mis.

☞ toujours‿au [tu ʒuR o] [tu ʒu Ro]

☞ des‿amis [de za mi]

6. déjeuner [deʒœne] 吃午饭	On va déjeuner? — Allons-‿y! 我们去吃午饭好吗? 走啊!

On / va / dé / jeu / ner? / A / llon / sy [zi]!

☞ allons-‿y [a lɔ̃ zi]

HOMONYMES

同音异义字

1. geai	jet	[ʒɛ]	松鸦	喷出
2. gens	Jean	[ʒɑ̃]	人们	让(人名)

CHANSON

Frère Jacques

Frère Jacques, frère Jacques,
dormez-vous, dormez-vous?

Sonnez les matines (bis)
Dine, ding, dong (bis)

谚语　PROVERBE

C'est en forgeant qu'on devient forgeron.

打铁成铁匠。

熟能生巧。

[l]

[dʀol] drôle 有趣的

≈ 汉语拼音的 *l*

l	ll
île	belle
[il]	[bɛl]
岛屿	美丽的

● [l] 音在词首

1. libre [libʀ] 自由的，有空的	Tu es libre samedi? — Oui, je suis libre. Pourquoi? 你星期六有空吗? 有啊,我有空。有什么事?

Tu / es / libre / same / di? / Oui, / je / suis / libre. / Pour / quoi?

☞ tu es [ty ɛ] [tɛ] (familier)

☞ je suis [ʒə sɥi]

✂ [ʒsɥi]

✂ [ʃɥi] (familier!)

2. laisser [lɛse] 让，任由	S'il vous plaît, laissez-moi tranquille cinq minutes, d'accord? 请你们让我安静 5 分钟好吗？

S'il / vous / plaît, / lai / ssez- / moi / tran / quille / cinq / mi / nutes, / d'a / ccord?

● [l] 音在词尾

3. drôle [dRol] 有趣的，怪怪的	C'est drôle, non? — Non, ce n'est pas drôle du tout. 好好玩,对不对？　不,一点也不好玩。

C'est / drôle, / non? / Non, / ce / n'est / pas / drôle / du / tout.

☞ ce n'est pas [sə nɛ pɑ]

✂ [snɛ pɑ] (familier)

4. mademoiselle [mad(ə)mwazɛl] 小姐	Pardon, mademoiselle… la gare, s'il vous plaît… 对不起,小姐…请问火车站怎么走？

Par / don, / made / moi / selle… / la / gare, / s'il / vous / plaît

● [l] 音在词中

5. aller [ale] 去	Je voudrais‿aller‿à Paris mais… je n'ai pas d'argent. 我想去巴黎,但是没钱。

Je / vou / drais / a / ller / à / Pa / ris / mais… / je / n'ai / pas / d'ar / gent.
Je / vou / drai / sa / ller / rà / Pa / ris / mais… / je / n'ai / pas / d'ar / gent.

☞ je voudrais‿aller‿à [ʒə vu dRɛ a le a]
[ʒə vu dRɛ za le Ra]

6. seulement [sœlmɑ̃] 只有	J'ai seulement bu un verre! 我才喝一杯而已!

J'ai / seule / ment / bu / un / verre!

HOMONYMES
同音异义字

1.	elle	aile	L	[ɛl]	她	翅膀	字母 L
2.	sale	salle		[sal]	脏的	室	
3.	ville	vil		[vil]	城市	卑劣的	

CHANSON

Alouette

(Refrain)
Alouette, gentille alouette, alouette, je te plumerai (bis)

Je te plumerai le bec (bis)
Et le bec, et le bec
Alouette, alouette, ah!

(Je te plumerai la tête…
le cou…
le dos…
la queue…)

Je te plumerai la queue (bis)
Et le dos, et le dos,
Et le cou, et le cou,
Et la tête, et la tête,
Et le bec, et le bec,
Alouette, alouette, ah!

谚语 PROVERBE

Pas de nouvelles, bonnes nouvelles!

没有消息就是好消息!

[dyRi] du riz 米饭

[R]

r	rr
riche	arriver
[Riʃ]	[aRive]
富有的	到达

要发好这个音素, 必须:
- 将舌尖放于下门牙后面；否则舌头会跑向上腭, 不知不觉中, [R] 音就会念成 [l] 音。
- 用一杯水漱口, 头向后仰, 练习发音; 如此发出来的 [R] 音会太强, 但至少你可以感觉一下后喉咙的振动 (小舌和声带的振动); 在日常会话时只需要软化一下就可以了。
- 记得中文里有一个很相近的音 (汉语拼音的 *h*), 可惜振动得不够。
- 注意听法国人怎么发这个音: 不会太强, 但非常清晰。

Pour bien prononcer ce phonème, il faut:
- garder la pointe de la langue au repos derrière les incisives du bas; si vous oubliez, votre langue partira vers le palais et sans le savoir vous prononcerez [l] au lieu de [R];
- vous entraîner à vous gargariser avec un verre d'eau, la tête en arrière; vous obtiendrez certes un [R] beaucoup trop fort, mais au moins vous aurez senti ces fameuses vibrations à l'arrière de la gorge (vibrations de la luette et des cordes vocales); il restera à adoucir cet effet dans la conversation courante;
- vous souvenir qu'il existe un son proche en mandarin (*h* en alphabet phonétique chinois) en gardant à l'esprit que malheureusement, il ne "vibre" pas assez;
- bien écouter comment les Français prononcent ce son: jamais trop fort, mais toujours très clair…

● [R] 音在词首

1.	riz [Ri] 米饭	J'adore le riz au curry! 我很喜欢吃咖哩饭!

J'a / dore / le / riz / au / cu / rry!

2.	rhume [Rym] 着凉, 伤风	J'ai un *sacré* rhume! 我伤风得很严重!

J'ai / un / *sa* / *cré* / rhume!

● [R] 音在词尾

3.	cher [ʃɛR] 昂贵的	C'est cher? — Non, *c'est pas* cher! 这个贵吗? 不, 不贵!

C'est / cher? / Non, / *c'est* / *pas* / cher!

4.	voiture [vwatyR] 汽车	On‿y va en train ou en voiture? — On‿y va en voiture. 我们搭火车或开车去? 开车去。

On/ ny/ va/ en/ train/ ou/ en/ voi/ ture?/ On/ ny/ va/ en/ voi/ ture.

☞ on‿y va [ɔ̃ ni va]

● [R] 音在词中

5.	au revoir [oR(ə)vwaR] [ɔR(ə)vwaR] 再见	Au revoir! — Au revoir! 再见! 再见!

Au / re / voir! Aure / voir!

☞ au revoir [o Rə vwaR] [ɔ Rə vwaR]

✂ [oR vwaR] [ɔR vwaR]

6.	restaurant [RɛstɔRɑ̃] 餐厅	On va au restaurant? 我们去餐厅吃饭吗?

On / va / au / res / tau / rant?

HOMONYMES

同音异义字

1.	air	aire	erre	R	[ɛʀ]	空气	空地	(他)到处游荡	字母 R
2.	court	cours	cour	courre	[kuʀ]	短的	课程	宫廷	围猎
3.	bar	barre			[baʀ]	酒吧	杆,杠		

CHANSON

La mère Michel

C'est la mère Michel qui a perdu son chat
Qui crie par la fenêtre
A qui lui rendra
C'est l'compère Lustucru qui lui a répondu
Allez la mère Michel vot' chat n'est pas perdu

(Refrain)
Sur l'air du tra la la la (bis)
Sur l'air du tra déri déra et tra la la

C'est la mère Michel qui lui a demandé
Mon chat n'est pas perdu
Vous l'avez donc trouvé
Et l'compère Lustucru qui lui a répondu
Donnez une récompense, il vous sera rendu

Et la mère Michel lui dit: c'est décidé
Rendez-le moi mon chat, vous aurez un baiser
Mais l'compère Lustucru qui n'en a pas voulu
Lui dit: pour un lapin vot' chat sera vendu

谚语 PROVERBE

Rira bien qui rira le dernier.

最后笑的人笑得最好。
不必高兴得太早。

[m]

≈ 汉语拼音的 ***m***

[dəlamyzik] de la musique 音乐

m	**mm**
mot [mo] 字, 词	grammaire [gRa(m)mɛR] 文法(语法)

● [m] 音在词首

1. mot [mo] 字	Tiens, je ne connais pas ce mot! 哇, 我不认识这个字!

Tiens, / je / ne / co / nnais / pas / ce / mot!

☞ je ne connais pas ce mot [ʒə nə kɔ nɛ pɑ sə mo]

✂ [ʒən kɔ nɛ pɑ smo]

✂✂ [ʒkɔ nɛ pɑ smo] (familier)

2. musique [myzik] 音乐	Chez moi, j'écoute souvent de la musique. 在家里我常听音乐。

Chez / moi, / j'é / coute / sou / vent / de / la / mu / sique.

☞ j'écoute souvent de la musique
[ʒe kut su vɑ̃ də la my sik]

✂ [ʒe kut su vɑ̃ dla my sik]
[ʒe kut su vɑ̃d la my sik]

3. manger [mɑ̃ʒe] 吃	On va manger? — On va manger! 我们去吃饭？ 好啊！走了！

On / va / man / ger? / On / va / man / ger!

● [m] 音在词尾

4. homme [ɔm] 男人	C'est‿un‿homme‿ambitieux. 他很有野心。

C'es / tun / nhomme / am / bi / tieux.

C'es / tun / nho / mmam / bi / tieux.

☞ c'est‿un‿homme [sɛ tœ̃ nɔm]

☞ un‿homme‿ambitieux [œ̃ nɔm ɑ̃ bi sjø]
[œ̃ nɔ mɑ̃ bi sjø]

5.	femme 女人	[fam]	C'est‿une femme‿intelligente. 她很聪明。

C'es / tune / femme / in / te / lli / gente.

C'es / tune / fe / mmin / te / lli / gente.

☞ c'est‿une [sɛ tyn]

☞ une femme‿intelligente [yn fam ɛ̃ te li ʒɑ̃t]
[yn fa mɛ̃ te li ʒɑ̃t]

● [m] 音在词中

6.	ami(e) 朋友	[ami]	J'ai un‿ami à Marseille‿et une‿amie à Lyon. 我有一个男的朋友在马赛，一个女的朋友在里昂。

J'ai / un / na / mi / à / Mar / seille / et / une / na / mie / à / Lyon.

J'ai / un / na / mi / à / Mar / sei / llet / une / na / mie / à / Lyon.

☞ un‿ami [œ̃ na mi]

☞ une‿ami [y na mi]

☞ à Marseille‿et… [a maʀ sɛj e]
[a maʀ sɛ je]

HOMONYMES

同音异义字

1.	j'aime	gemme	[ʒɛm]	我喜欢	宝石
2.	la femme	(il) l'affame	[lafam]	女人	(他让他)挨饿

CHANSON

Malbrough

Malbrough s'en va en guerre
Mironton, mironton, mirontaine
Malbrough s'en va en guerre
Ne sait quand reviendra (ter)

Il reviendra z'à Pâques
Mironton, mironton, mirontaine
Il reviendra z'à Pâques
Ou à la Trinité (ter)

La Trinité se passe...
...Malbrough ne revient pas (ter)

Madame en sa tour monte...
...Si haut qu'elle peut monter (ter)

"Beau page! ah! mon beau page!...
... Quelle nouvelle apportez?" (ter)

— Monsieur Malbrough est mort...
... Est mort et enterré" (ter).

谚语　PROVERBE

Tous les chemins mènent à Rome.

所有的道路都带领我们到罗马。

条条大路通罗马。

[n]

[ʃinwa] chinois 中文

≈ 汉语拼音的 ***n***

n	**nn**	**mn**
non [nɔ̃] 不, 没有	anniversaire [anivɛRsɛR] 生日	automne [otɔn] 秋天

● [n] 音在词首

1.	né 出生	[ne]	Je suis né à Taibei. 我在台北出生。

Je / suis / né / à / Tai / bei.

2.	nord 北方	[nɔR]	La Belgique‿est‿au nord de la France. 比利时在法国的北方。

La / Bel / gique / est / au / nord / de / la / France.
La / Bel / gi / quest / tau / nord / de / la / France.

☞ la Belgique‿est‿au nord [la bɛl ʒik ɛ o nɔR]
[la bɛl ʒi kɛ to nɔR]

● [n] 音在词尾

3. jeune [jœn] 年轻的	Il faut voyager quand‿on‿est jeune. 要旅行就要趁年轻的时候。

Il / faut / voy / ya / ger / quan / don [tɔ̃] / nest / jeune.

☞ quand‿on‿est [kɑ̃ tɔ̃ nɛ]

4. Seine [sɛn] 塞纳河	La Seine passe‿à Paris. 塞纳河流经巴黎。

La / Seine / passe / à / Pa / ris.
La / Seine / pa / ssà / Pa / ris.

☞ passe‿à [pas a] [pa sa]

● [n] 音在词中

5. chinois [ʃinwa] 中文	Tout ça, c'est du chinois, pour moi! 这些对我来说实在很难理解！

Tout / ça, / c'est / du / chi / nois, / pour / moi!

6. université [yniveʀsite] 大学	Je fais du français à l'université. 我在大学学法文。

Je / fais / du / fran / çais / à / l'u / ni / ver / si / té.

☞ je fais [ʒə fɛ] ✂ [ʒfɛ] (familier!)

HOMONYMES
同音异义字

1.	cane	canne		[kan]	雌鸭	拐杖	
2.	peine	penne	pêne	[pɛn]	痛苦	长羽毛	锁闩
3.	reine	renne	rêne	[ʀɛn]	皇后	驯鹿	缰绳

CHANSON

A la claire fontaine

*A la claire fontai**ne** m'**en** **a**llant prome**ne**r*
J'ai trouvé l'eau si belle que je m'y suis baignée

Il y a longtemps que je t'aime
*Jamais je **ne** t'oublierai*

*A la feuille d'un chê**ne**, je me suis essuyée*
A la plus haute branche le rossignol chantait

Chante rossignol, chante, si tu as le cœur gai
*Pour moi je **ne** l'ai guère, mo**n** **a**mi m'a quittée*

Pour un bouton de rose que je lui refusai
Je voudrais que la rose fût encore au rosier

Et que le rosier même fût encore à planter
*Et que mo**n** **a**mi Pierre fût encore à m'aimer*

谚语 PROVERBE

A l'impossible **n**ul **n**'est te**n**u.

没有人一定要做到不可能做到的事。

不要强人所难。

[lamɔ̃taɲ] **la montagne** 高山，山岳

[ɲ]

gn

campagne
[kɑ̃paɲ]
乡下

对于中国人来说，[ɲ] 音并不难发，只要利用下面的小窍门就可以达到相当令人满意的效果，法国人绝不会挑剔你的发音。
我们可以按照下面的方法来训练：

1. 先单独发 [ni] （汉语拼音的 *ni* ）
2. 然后再发后面的元音，如 [i], [e], [ɛ], [a], [œ], [ɑ̃], [ɔ̃]…
3. 试着越念越快，直到融合成一个音为止。

Pour un Chinois, le phonème [ɲ] n'est pas vraiment difficile à prononcer. En utilisant l'astuce suivante on arrive à des résultats suffisamment convaincants pour qu'un Français n'ait rien à vous reprocher.
On peut s'entraîner ainsi:

1. Dire séparément [ni].
2. Puis la voyelle qui suit — [i], [e], [ɛ], [a], [œ], [ɑ̃], [ɔ̃]…
3. Essayer de les prononcer ensemble de plus en plus vite, jusqu'à ce qu'ils se fondent en un seul son (une seule syllabe).

例字：

Exemples:							
	gagner	→	[ga ni e]	→	[ga ɲe]		
	gagnait	→	[ga ni ɛ]	→	[ga ɲɛ]		
	gagnons	→	[ga ni ɔ̃]	→	[ga ɲɔ̃]		
	gagne	→	[ga ni ə]	→	[ga ɲə]	→	[gaɲ]

● [ɲ] 音在词尾

1. montagne [mɔ̃taɲ] 高山	J'aime bien‿aller‿à la montagne. 我喜欢去爬山。

J'aime / bien / a / ller / à / la / mon / tagne.

J'aime / bien / na / ller / rà / la / mon / tagne.

☞ j'aime bien‿aller‿à [ʒɛm bjɛ̃ a le a]
[ʒɛm bjɛ̃ na le ʀa]

2. campagne [kɑ̃paɲ] 乡下	Mes grands-parents vivent‿à la campagne. 我的祖父母住在乡下。

Mes / grands- / pa / rents / vivent / à / la / cam / pagne.

Mes / grands- / pa / rents / vivent / tà / la / cam / pagne.

☞ vivent‿à [viv a] [viv ta]

3. champagne [ʃɑ̃paɲ] 香槟	Ah, il faut fêter ça avec du champagne! 啊,必须要开香槟来庆祝!

Ah, / il / faut / fê / ter / ça / a / vec / du / cham / pagne!

● [ɲ] 音在词中

4. gagner [gaɲe] 赚得, 赢得	J'ai gagné! 我赢了！

J'ai / ga / gné!

5. (se) baigner [(sə)bɛɲe] 泡水, 游泳	L'eau est chaude! Venez vous baigner! 水是热的!来游泳啊!

L'eau / est / chaude! / Ve / nez / vous / bai / gner!

☞ venez [və ne]

✂ [vne] (familier!)

6. mignon [miɲɔ̃] 可爱的	C'est mignon, ça! 这个好可爱喔!

C'est / mi / gnon, / ça!

HOMONYMES
同音异义字

1.	signe	cygne	[siɲ]	记号	天鹅
2.	beignet	(il se) baignait	[bɛɲɛ]	炸糕点	洗澡 (baigner 的未完成过去时)

CHANSON

Là haut sur la monta**gn**e

*Là haut sur la monta**gn**e, l'était un vieux chalet (bis)*
Murs blancs, toit de bardeaux
Devant la porte, un vieux bouleau
*Là haut sur la monta**gn**e, l'était un vieux chalet*

谚语 PROVERBE

Au royaume des aveugles, les bor**gn**es sont rois.

在瞎子的国度里, 独眼的人就算是国王。

山中无老虎, 猴子称大王。

数字

CHIFFRES ET NOMBRES

下列二十八个数字可以组合出几乎所有其它数字。 请好好地发音，你将受益无穷。

A partir des 28 nombres suivants, on peut, par simple combinaison, déduire à peu près tous les autres. Veillez à bien les prononcer, ils vous seront utiles.

一	1	un	二十	20	vingt	百	100	cent
二	2	deux	三十	30	trente	千	1 000	mille
三	3	trois	四十	40	quarante	百万	1 000 000	un million
四	4	quatre	五十	50	cinquante	十亿	1 000 000 000	un milliard
五	5	cinq	六十	60	soixante			
六	6	six	七十	70	soixante-dix			
七	7	sept	八十	80	quatre-vingts			
八	8	huit	九十	90	quatre-vingt-dix			
九	9	neuf						
十	10	dix						
十一	11	onze						
十二	12	douze						
十三	13	treize						
十四	14	quatorze						
十五	15	quinze						
十六	16	seize						

教师如何使用本书

每个音素是一个单元的主题。这套教材有三十六个单元，每个单元可视为一堂课的基础内容（当然，每位教师可以自由斟酌速度与强度）。要充分利用这套教材，每位学生都要有书本和磁带，学生们可以在家中阅读或听磁带，预习上课的内容。课堂应该是提供学生检验自习成果的地方。
教师在每堂课结束前，必须与班上同学制定下堂课的预计目标。例如：

给初学者的指令：

“下一次，你们必须能够：

1. 听写出今天这个单元的**六个单词**；
2. 大声地，清楚地读出来（看着书或看着写在黑板上的词）；
3. 分辨出与其他组别的词的区别；
4. 作简单的中法互译练习（如果教师会说两种语言）；
5. 认识这个单元所介绍的国际音标（教师可以选择类似的音标考验学生）”。

给能力较强的学生的指令：

“下一次你们应该会作上列练习，而且要能掌握单元中的**六个句型**或词组：

6. 听写出六个词组；
7. 高声读出；
8. 中法互译；
9. 看国际音标认出一个词；

同时你们必须可以作下列练习：

10. 迅速地，正确地分出每个词的音节（断音节练习），并且找出有联诵的地方；
11. 用国际音标拼出一个法文词，法文句型（这个练习比用目视认字困难！）；
12. 正确地“辨认”每个单元中的谚语（这个部分并没有收录在磁带上，也没有用国际音标写出），断音节，划出有联诵的地方等。

课程本身的内容可以作下列的规划：

- 第一部分包括检验每一个学生和整个班级的发音进度情况。要求学生上台在黑板上听写出上一课的单字与句型（练习 1 和 6），高声朗读书上的单字与句型（重新写在黑板上，让全班同学也可以同时受益）（练习 2 和 7），目视认出与其他音、字、句混在一起的音、字、句（不论是用法文或用国际音标书写）（练习 3，5，9），翻译（中法互译）（练习 4 和 8），单字或句型的断音节（练习 10 和 12），辨认新的法文字，找出联诵的地方（练习 10 和 12），用国际音标写出单字，句型或部分句型（练习 11）。
这一部份的教学时间不必超过十五分钟。教师不需要在每堂课作彻底的学习成效评估。

- 第二部分主要是初步解释下一个单元的内容，以利于学生在家中的预习工作，并且回答可能的问题。

- 第三部分包括一些补充的练习，旨在使学生发现法语发音的其它面貌。也许这一部分会比较吸引学生。每一个单元都有可能作下列的练习：

  - 通过每一个单元前面收录的一些传统歌曲更熟识法语发音。每一首歌曲的选择都是为了练习一个特别的音：

    Il était une bergère 可以练习 [ɔ̃] 的音
    （***ron ron***, *mout**ons**, chat**on**......*）

    La mère Michel 可以练习 [ʀ] 的音
    （*mè**r**e, pe**r**du, c**r**ie, fenêt**r**e, **r**end**r**a......*）

  - 了解每一个音素都有很多种不同的拼法：

    [ɛ] 音可拼成 *è, ê, ei, ey, e, ai, ay* 等
    [k] 音可拼成 *c, cc, ch, k, x* 等

  - 看图学字学发音：

    面条的图片 → *n**ou**illes* → *[u]*
    家庭的图片 → *fami**ll**e* → *[j]*

  - 提供一系列同音异义词让学生习惯于法语音与字之间的关系：

    eau, haut, au, aux, oh! 都是发 [o] 音
    fard, phare 都是读作 [faʀ]

- 选择一些谚语专对某些音素作练习：

Les bons comptes font les bons amis
（类似汉语的“亲兄弟明算账”）练习 **[ɔ̃]** 音

Chose promise, chose due
（说到做到）练习 **[z]** 音

课程规划的第二部分与第三部分可以次序颠倒，而不会影响学习成效。当然可以用童谣或同音异义词来介绍一个新的音素（也就是一般间接教学法所主张的多利用学生的观察力）。也可以采用直接教学法的直线型课文解释。任课教师可以根据班里的情况和自己的个性，选择最适合的教学法。重要的是保持学生的学习动机和自己的教学热情，并且收到具体的成效。

Comment utiliser ce livre quand on est enseignant

Chaque son (chaque "*phonème*") est l'objet d'une unité. Cette méthode comprend donc trente-six unités qui peuvent servir de base à chaque cours (libre à chacun d'en déterminer la vitesse et le dosage). Pour profiter pleinement de cette méthode, les apprenants doivent avoir chacun le livre et les cassettes. Ils pourront ainsi lire ou écouter chez eux à loisir et se préparer pour le cours. Celui-ci est conçu comme un espace qui permet à l'étudiant de vérifier les progrès obtenus grâce au travail personnel.
L'enseignant fixe à la fin de chaque cours les objectifs que le groupe doit atteindre pour le début du cours suivant. Par exemple:

Consignes pour des débutants:

" Pour la prochaine fois vous devrez être capables de:

1. écrire sous la dictée les **SIX MOTS** de l'unité vue en classe aujourd'hui;
2. les lire distinctement à haute voix [soit à partir du livre, soit à partir d'une liste écrite au tableau];
3. savoir les reconnaître parmi une liste d'autres mots;
4. en proposer une traduction simple (du français vers le chinois ou l'inverse) [si l'enseignant maîtrise ces deux langues];
5. reconnaître le signe de l'Alphabet phonétique international qui représente le son étudié dans l'unité, parmi une liste d'autres signes [choisir par exemple des signes qui lui ressemblent]".

Consignes pour des étudiants plus forts:

" Pour la prochaine fois vous devrez être capables de faire le même type d'exercice que précédemment à partir non plus des six mots mais des **SIX PHRASES** ou expressions d'exemple:

6. écrire sous la dictée;
7. lire à haute voix;
8. proposer une traduction (thème ou version);
9. reconnaître un mot à partir de sa graphie en API;

Mais vous devrez aussi être capables de faire d'autres types d'exercice:

10. découper rapidement et correctement chaque phrase d'exemple en syllabes [exercice de syllabation] et relever les phénomènes de liaisons (qu'il s'agisse de vraies liaisons, d'enchaînements ou d'élisions);
11. écrire l'API d'un mot français, d'une phrase ou partie de phrase [c'est plus difficile qu'un simple exercice de reconnaissance visuelle de l'API];

12. "déchiffrer" correctement les proverbes de chaque unité [qui sont enregistrés mais pas retranscrits en API], les découper correctement en syllabes, indiquer les liaisons s'il y en a, etc."

Le cours lui-même peut donc se concevoir ainsi:

- **La première partie consiste à vérifier les progrès en prononciation des individus et du groupe** en demandant aux étudiants d'aller écrire des mots ou des phrases de la leçon précédente au tableau, sous la dictée (exercices 1 et 6), de lire à haute voix des mots ou phrases du livre (reproduits éventuellement au tableau pour que tout le monde puisse profiter des corrections individuelles) (exercices 2 et 7), de reconnaître visuellement des sons, mots ou phrases parmi d'autres (qu'ils soient écrits en français ou en API) (exercices 3, 5, 9), de proposer des traductions (exercices 4 et 8), de découper en syllabes des mots ou phrases (exercices 10 et 12), de déchiffrer des mots nouveaux écrits en français, de relever les phénomènes de liaison (exercices 10 et 12), d'écrire des mots, phrases ou parties de phrases en API (exercice 11).
Cette première partie peut ne durer que 15 minutes, l'évaluation n'ayant pas besoin d'être exhaustive d'un cours à l'autre.

- **La seconde partie consiste à défricher l'unité suivante en classe** pour faciliter le travail personnel de l'étudiant à la maison et répondre à ses questions éventuelles.

- **La troisième partie consiste en des activités complémentaires** destinées à faire découvrir à l'étudiant la prononciation française sous d'autres aspects, plus attractifs peut-être. Chacune des unités fournit quelques possibilités:

- travail à partir de chansons traditionnelles dont la mélodie a été enregistrée au début de chaque unité. Elles ont été sélectionnées pour illustrer chacun des phonèmes:

Il était une bergère pour le son [ɔ̃]
(***ron ron**, mou**tons**, cha**ton**...*)

La mère Michel pour le son **[ʀ]**
(*mè**r**e, pe**r**du, c**r**ie, fenêt**r**e, **r**end**r**a...*)

- travail sur les différentes graphies possibles en français pour chaque phonème:

[ɛ] = è, ê, ei, ey, e, ai, ay
[k] = c, cc, ch, k, x

- images reprenant des mots qui illustrent tel ou tel phonème:

*n**ou**illes* pour le phonème [u]
*fami**ll**e* pour le phonème [j]

- homonymes pour habituer l'étudiant au rapport son/orthographe en français:

eau, haut, au, aux, oh! = *[o]*
fard, phare = *[faR]*

- proverbes sélectionnés pour représenter tel ou tel phonème:

*Les **bons** **comptes** **font** les **bons** amis* pour le phonème [ɔ̃]
Chose promise, chose due pour le phonème [z]

Les deux dernières parties peuvent d'ailleurs être inversées. Pourquoi ne pas utiliser une chanson ou des homonymes pour introduire un phonème nouveau, en jouant sur le sens de l'observation des étudiants (méthode de type implicite), plutôt que d'expliquer la leçon de manière linéaire (méthode de type explicite). L'enseignant mettra en œuvre ce qui lui semble le mieux convenir à ses élèves et à son propre caractère. L'important est de parvenir à maintenir la motivation des uns et des autres, enseignant compris, tout en arrivant à des progrès concrets dans la prononciation des premiers.

词汇索引
INDEX PAR LES MOTS

D

De	(介词)	[ə]	38
Déjeuner	吃午饭	[ʒ]	102
Demander	询问,要求	[ə]	39
Dernier	最后的	[d]	77
Désolé	抱歉	[e]	13
Différent	不同的	[f]	87

E

Eau	水	[o]	26
Ecouter	仔细听	[k]	81
Ecrire	书写	[k]	81
Efficace	有效率的	[e]	13
Egoïste	自私的	[g]	84
Encore	再, 还	[ɑ̃]	47
Enfant	孩子	[ɑ̃]	46
Essayer	尝试	[s]	93

F

Faim	饥饿	[f]	86
Faire	做	[ɛ]	16
Famille	家庭, 家人	[j]	57
Femme	女人	[m]	112
Fête	节日	[t]	74
Fille	女孩	[j]	57

G

Gagner	赚得, 赢得	[ɲ]	119
Gare	火车站	[g]	83
Gâteau	蛋糕	[ɑ]	22
Gauche	左边	[o]	27

H

Habiter	居住	[a]	18
Habitué	习惯于	[ɥ]	61
Hésiter	迟疑, 犹豫	[z]	96
Heure	小时	[œ]	40

D

Dimanche	星期日	[ʃ]	99
Docteur	医生	[œ]	41
Donner	给予	[d]	76
Droite	右边	[w]	64
Drôle	有趣的, 怪怪的	[l]	105
Du	(部分冠词)	[y]	33

E

Est	(他)是	[ɛ]	15
Eté	夏天	[t]	74
Étudiant	大学生	[e]	12
Euro	欧元	[ø]	36
Europe	欧洲	[ø]	35
Examen	考试	[z]	97
Exercice	练习	[z]	97

F

Fois	次数	[w]	64
Français	法文	[ɛ]	16
France	法国	[s]	92
Froid	冷的	[f]	86
Fruit	水果	[ɥ]	60

G

Gens	人们	[ʒ]	101
Grand	大的	[g]	84
Grave	严重的	[v]	90
Grippe	流行感冒	[p]	68

H

Hier	昨天	[j]	57
Homme	男人	[m]	111
Honte	羞耻	[ɔ̃]	50
Huit	八	[ɥ]	60

I

Ici	这里	[i]	9
Idée	想法，点子	[d]	78
Il	他	[i]	9

J

Jambon	火腿	[b]	71
Je	我	[ə]	38
Jeune	年轻的	[n]	115

K

L

Laisser	让，任由	[l]	105
Langue	语言	[g]	84
Le	(定冠词)	[ə]	38
Légume	蔬菜	[g]	84

M

Mademoiselle	小姐	[l]	105
Maison	房子	[z]	96
Manger	吃	[m]	111
Mangue	芒果	[g]	84
Merveilleux	神奇的	[ø]	36
Mignon	可爱的	[ɲ]	119
Mode	流行	[d]	77

N

Ne	不，没有	[ə]	39
Né	出生	[n]	114
Nord	北方	[n]	114

O

Obligé	必须的	[b]	71
Occasion	机会	[ɔ]	23
Occident	西方	[ɔ]	23
Œuf	蛋	[œ]	40
Oiseau	鸟	[w]	64
Oncle	叔叔，伯伯	[ɔ̃]	49

I

Inquiet	担心，忧虑	[ɛ̃]	43
Interdit	禁止的	[ɛ̃]	44

J

Joli	美丽的	[ʒ]	101
Jouer	玩耍，打球	[w]	64

K

L

Libre	自由的，有空的	[b] [l]	71 104
Lire	读，念	[i]	10
Loin	远的	[ɛ̃]	44
Lui	他	[ɥ]	60

M

Monde	人们	[d]	77
Monsieur	先生	[ø]	36
Montagne	高山	[ɲ]	118
Montrer	给(某人)看，说明	[ɔ̃]	50
Mot	字，词	[m]	110
		[o]	27
Musique	音乐	[m]	111

N

Nouilles	面条	[u]	30
Nous	我们	[u]	30
Nuit	夜晚	[ɥ]	60

O

Ordinateur	电脑	[œ]	41
Oser	敢于	[z]	96
Où	哪儿？	[u]	29
Oublier	忘记	[u]	29
Oui	是的	[i]	10

P

Pain	面包	[p]	67
Parfum	香水	[œ̃]	53
Pas	不, 没有	[ɑ]	21
Payer	付钱	[e]	13
Pense	(我)想	[s]	93
Peu	一点, 很少	[ø]	36
Peux	(我)可以	[p]	68

Q

Quelqu'un	某人	[œ̃]	53
Qui	谁	[i]	10

R

Regarder	看, 注视	[ə]	39
Restaurant	餐厅	[ʀ]	108
Rhume	着凉, 伤风	[ʀ]	108
Riche	富有的	[ʃ]	99

S

Sac	包, 袋	[k]	81
Savoir	知道, 会	[s]	92
Seine	塞纳河	[n]	115
Seul	单独, 独自	[œ]	41
Seulement	只有	[l]	106
Simple	简单的	[ɛ̃]	44

T

Tas	一堆	[ɑ]	21
Téléphone	电话	[ɔ]	24
Temps	时间	[ɑ̃]	47
Tête	头	[t]	74
Thé	茶	[t]	73

U

Un	一个	[œ̃]	52
Une	一个	[y]	32

P

Photo	相片	[f]	86
Pied	脚	[e]	13
Plat	一道菜	[a]	19
Porc	猪, 猪肉	[ɔ]	24
Prendre	搭, 乘	[d]	78
Printemps	春天	[t]	74
Prochain	下一个, 下一次	[ɛ̃]	44

Q

Quoi	什么	[a]	19

R

Rien	没有	[ɛ̃]	44
Riz	米饭	[ʀ]	108
Rouge	红色的	[ʒ]	102

S

Six	六	[s]	93
Sœur	姐妹	[œ]	41
Soif	口渴	[f]	86
Soleil	太阳	[j]	57
Soupe	汤	[p]	68
Souvent	时常	[v]	90

T

Toujours	总是	[ʒ]	102
Travailler	工作	[a]	19
Très	非常地	[ɛ]	16
Truc	东西	[y]	33
Tu	你	[y]	33

U

Université	大学	[n]	115
Utile	有用的	[y]	32

V

Vais	(我)去	[v]	89
Vélo	自行车	[e]	13
Vendre	卖, 出售	[v]	89
Ville	城市	[i]	10
Vin	酒	[v]	89
Vite	快, 迅速地	[t]	74
Voilà	这是	[w]	64
Voir	看	[a]	19
Voiture	汽车	[ʀ]	108
Vous	您	[u]	30
Voyage	旅行	[ʒ]	102

W

X

Y

Yaourt	酸奶	[j]	56

Z

V

W

X

Y

Z

拼法索引

INDEX PAR LES GRAPHIES

法文拼法	国际音标	页数
N		
n	[n]	114
nn	[n]	114
O		
o	[ɔ]	23
	[o]	26
ô	[ɔ]	23
	[o]	26
œ(il)	[œ(j)]	40
œu	[ø]	35
	[œ]	40
oi	[wa]	18
		63
o(in)	[w(ɛ̃)]	63
om	[ɔ̃]	49
on	[ə]	38
	[ɔ̃]	49
oo	[ɔ]	23
ou	[u]	29
	[w]	63
où	[u]	29
oy	[wa]	18
P		
p	[p]	67
ph	[f]	86
pp	[p]	67
Q		
q	[k]	80
qu	[k]	80
R		
r	[ʀ]	107
rr	[ʀ]	107
S		
s	[s]	92
	[z]	95
sch	[ʃ]	98
sh	[ʃ]	98
ss	[s]	92
T		
t	[t]	73
	[s]	92
th	[t]	73
tt	[t]	73
U		
u	[ɔ]	23
	[y]	32
û	[y]	32
u(a)	[ɥa]	59
uë	[y]	32
ue(il)	[œ(j)]	40
ue(ill)	[œ(j)]	40
u(eu)	[ɥ(œ)]	59
u(i)	[ɥ(i)]	59
um	[œ̃]	52
un	[ɔ̃]	49
	[œ̃]	52
u(on)	[ɥ(ɔ̃)]	59
u(y)	[ɥ(ij)]	59
V		
v	[v]	88
W		
w	[v]	88
X		
x	[ks]	80
	[gz]	83
		95
	[s]	92
Y		
y	[i]	9
	[j]	56
ym	[ɛ̃]	43
yn	[ɛ̃]	43
Z		
z	[z]	95

作者简介

- Philippe Chaubet (舒毅宁) (1964-)，法籍法语教师，巴黎东方语言文化学院 (Institut National Des Langues Et Civilisations Orientales) 中国语言文化学士，法国弗朗什—孔泰 (Franche-Comté) 大学法语教学硕士,可说流利的汉语。在台湾教学多年，教学经验丰富，对台湾学生学习法语之接受力与趣向深为了解。曾任教于台北 Alliance Française、国立中央警察大学、国立中央大学、私立淡江大学。现任辅仁大学法文系专任讲师。

- 译者：黄雪霞，法国里昂 (Lyon) 第二大学法国文学博士。曾任辅仁大学法文系系主任、法文研究所所长，教学经验已超过十年。目前为辅仁大学法文系专任副教授。